AF590300

COLLECTION MICHEL LÉVY
— 1 franc le volume —
1 franc 25 centimes à l'étranger

ALFRED DE BRÉHAT

SCÈNES DE LA VIE CONTEMPORAINE

PARIS
MICHEL LÉVY FRÈRES, LIBRAIRES-ÉDITEURS
RUE VIVIENNE, 2 BIS
1858

COLLECTION MICHEL LÉVY

SCÉNES
DE LA
VIE CONTEMPORAINE

DE L'IMPRIMERIE DE BEAU, A SAINT-GERMAIN-EN-LAYE.

SCÈNES

DE LA

VIE CONTEMPORAINE

PAR

ALFRED DE BRÉHAT

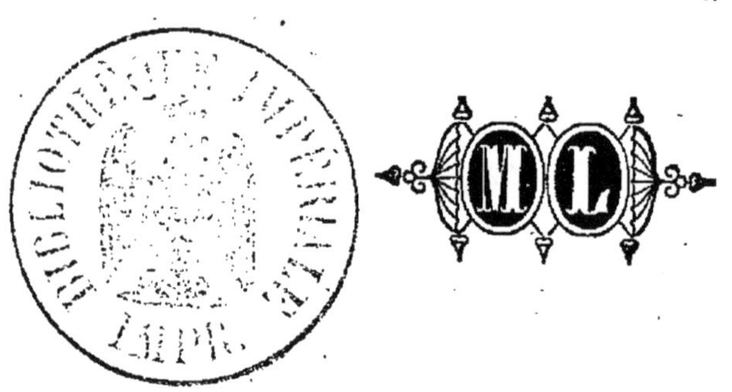

PARIS
MICHEL LÉVY FRÈRES, LIBRAIRES-ÉDITEURS
RUE VIVIENNE, 2 BIS

1858

A MADAME LA VICOMTESSE

CAMILLE DU MONCEL

(Née de Montalivet).

MADAME,

Permettez-moi de vous dédier ce volume. J'en ai écrit bien des pages sous les beaux arbres de votre parc de Lébizey, dans le calme animé de cette belle vie de la famille et des champs, où tout favorise la pensée et le travail.

Votre nom si aimé, si respecté, servira de passeport à mon livre pour pénétrer jusqu'au foyer des gens de bien. Tout ce que j'ambitionne pour le succès de mes *Nouvelles*, c'est que mes lecteurs en gardent un aussi bon souvenir que celui que j'ai conservé de votre gracieuse hospitalité.

Veuillez agréer, Madame, les hommages affectueux de votre très-respectueux et très-dévoué serviteur.

ALFRED DE BRÉHAT.

ELLEN

I

A quelque distance de Pontivy, se trouve le petit village de C... Il se compose d'une douzaine de maisons réunies et de quelques fermes disséminées dans la campagne.

Dans la partie qui se rapproche de Pontivy, le pays est assez bien cultivé. Du côté opposé, l'œil du voyageur est attristé par la vue de landes sombres et tristes. Elles étendent jusqu'à la forêt de L... . leur terre noirâtre recouverte çà et là de courtes bruyères et de maigres touffes d'ajoncs épineux.

De temps en temps, un champ d'avoine ou de sarrasin, quelquefois un bouquet de taillis, sentinelle perdue de la forêt voisine, viennent rompre la monotonie de ces steppes arides.

Le voyageur qui suit la route vicinale de Pontivy à

L...., aperçoit, errant sur la vaste étendue des landes, quelques moutons à laine grossière, et des vaches maigres et sales qui, malgré leur triste apparence, donnent à leurs pauvres propriétaires un lait bien supérieur à celui que produisent les magnifiques bestiaux du centre de la France. Quelques chevaux, généralement aussi de petite taille, appartenant à la race disgracieuse mais infatigable des bidets du pays, et de grosses juments de labour, aux sabots pesants, à la large croupe, traînent leurs entraves dans les douves qui séparent la lande du chemin.

Les troupeaux de chaque ferme se composent de huit ou dix animaux tout au plus. La garde en est confiée à quelques enfants. Quelquefois pourtant le *pâtour* est un vieillard d'une soixantaine d'années, ou bien une vieille femme du même âge. L'un tresse de la paille pour faire des chapeaux; l'autre file ou tricote au bord du chemin tout en égrenant son chapelet. Pauvres vieillards, le cœur saigne à les voir tristes et résignés, à peine vêtus de misérables haillons, et n'ayant pour se protéger contre le froid, la neige ou la pluie, qu'un morceau de toile à sac, un vieux tablier ou quelques lambeaux de *limousine*. — Le plus souvent, ils n'ont rien que leur veste ou leur casaquin en lambeaux. — Les enfants ne sont pas mieux protégés, mais ils ont la gaîté de leur âge ; ils rient, ils jouent, et trouvent toute une journée de bonheur dans le sou que leur jette parfois un passant charitable.

Il y a douze ans de cela, en 1846 par conséquent, la

gardeuse de vaches de la métairie du Gourio était une jeune fille de 15 à 16 ans, qu'on appelait Hélène. L'histoire de cette enfant était assez extraordinaire.

En 1831, Mathurin Lecall, devenu plus tard fermier du Gourio, habitait, en Plouezec, une autre métairie appartenant au même propriétaire, le comte de Kernoë. Un matin qu'il traversait une grande *jonnée* pour se rendre à la foire de Lanvollon, il trouva une pauvre petite fille de 3 à 4 ans, couchée dans la douve, et dormant du plus profond sommeil. Son costume n'était pas celui des enfants du pays. Quoique neuf et de bon drap, il était déchiré en plusieurs endroits, comme si l'enfant avait été traînée dans un hallier d'épines.

Mathurin réveilla la petite et essaya de la questionner pour savoir comment elle se trouvait là. Il ne put obtenir aucun renseignement de l'enfant, qui semblait presque idiote, quoique au premier abord sa figure douce et régulière fût loin de faire soupçonner un pareil malheur.

Cette enfant venait sans doute d'éprouver quelque vive frayeur, d'assister à quelque événement terrible qui avait jeté le désordre dans sa frêle organisation. Au moindre geste un peu brusque, au moindre mot prononcé d'une voix plus haute, elle se rejetait en arrière en poussant des cris affreux, et l'on voyait ses pauvres petits membres se tordre comme si elle avait été prise d'une attaque de nerfs.

Le peu de mots qu'elle prononçait sans suite et sans paraître les comprendre elle-même, appartenaient à une langue étrangère. On sut plus tard que c'était de l'anglais.

Touché de compassion, mais fort embarrassé de sa trouvaille, le brave Mathurin emporta l'enfant dans sa ferme. Puis il envoya sa femme prévenir le recteur (curé) de ce qui venait de lui arriver. Quant au maire (qui chez les Bas-Bretons ne vient jamais qu'en second lieu), Mathurin savait qu'il le trouverait à la foire de Lanvollon.

Mais on eut beau s'adresser à toutes les autorités de la commune, d'abord, puis à celles du chef-lieu, il fut impossible d'obtenir aucun renseignement sur la petite abandonnée.

On vit cependant (ce qui excita au plus haut point la curiosité des habitants) deux gendarmes arriver dans la commune au bout de quelques jours.

Ils fouillèrent tous les bois des environs, pénétrèrent dans chaque ferme sous différents prétextes et restèrent plus d'une semaine dans le village.

Quelques mots échappés à l'un d'eux apprirent à leur aubergiste qu'ils avaient l'ordre de surveiller surtout les environs de la ferme de Lecall, et d'arrêter tout étranger qui viendrait réclamer l'enfant ou même prendre des renseignements sur son compte.

Le maire fut probablement le seul à connaître le véritable motif de ces recherches; mais, contre son habitude, il en garda fidèlement le secret.

Peut-être sa discrétion ne se serait-elle pas indéfiniment prolongée, s'il ne s'était noyé, deux mois après, en pêchant des *chevrettes* (crevettes) à la basse mer.

On oublia bientôt les incidents mystérieux qui avaient accompagné l'arrivée de l'enfant trouvée par le père Mathurin. Seulement la petite conserva le surnom de l'*Anglaise*, que les autres enfants de la commune lui jetèrent bien souvent comme une injure.

A la métairie de Lecall, où la fermière voulut garder la pauvre abandonnée, on l'appelait Hélène, parce qu'on l'avait entendue répéter plusieurs fois ce nom d'Ellen sous lequel elle semblait se désigner.

Elle suivit Lecall lorsqu'il vint prendre la métairie du Gourio. A la mort du vieux fermier, elle resta chez son successeur. Elle n'avait d'autre tâche que de garder les bestiaux et de traire les vaches. C'étaient du reste les seules occupations dont sa faible intelligence lui permît de s'acquitter convenablement. On lui donnait, en échange, un logement dans l'étable, un lit de paille avec une vieille couverture, la nourriture (qu'excepté le souper, elle emportait aux champs), et quelques vêtements mis au rebut par la fermière, c'est-à-dire d'affreux haillons sans forme et sans couleur.

Du reste, peu lui importait. Son *idiotisme* (je suis forcé de me servir de cette expression, rop forte cependant, faute d'en trouver une autre convenable pour rendre l'état de son esprit) son idiotisme était d'une nature particulière et n'avait rien de repoussant.

Il semblait que son intelligence, brusquement arrêtée dans ses progrès par quelque émotion terrible, fût restée précisément au même point que le jour où le père Mathurin l'avait rencontrée dans la *jonnée* de Plouézec.

D'une taille moyenne, mais déjà formée, quoiqu'un peu frêle, Ellen eût paru jolie sans l'expression qui contractait ses traits dès qu'on s'approchait d'elle, et surtout sans le désordre de ses haillons et de ses cheveux épars.

Cette sauvagerie et cette frayeur continuelle tenaient d'abord à la nature d'Ellen, puis aux mauvais traitements qu'elle avait reçus des autres enfants du village. La pauvre anglaise, frêle de corps et *innocente* d'esprit (comme disent les paysans), n'avait que trop éprouvé à ses dépens combien l'enfance est impitoyable pour toutes les infirmités. Raillée, injuriée, tourmentée, quelquefois même battue par les gamins du village, elle avait fini par s'isoler complétement.

Les pâturages du Gourio étaient situés tout près de la forêt de L... Dès qu'Ellen apercevait une figure humaine sur la lande, elle se réfugiait dans le taillis.

Il lui arrivait souvent de passer des journées entières sans adresser la parole à un être humain. En revanche, elle avait d'interminables conversations avec ses bestiaux qu'elle adorait, et qui étaient bien certainement les mieux soignés de tout le canton.

A certaines heures de la journée, les vaches se groupaient autour de la jeune fille. Les bons animaux, fixant sur elle leurs grands yeux doux et placides, semblaient comprendre ses paroles caressantes, et léchaient les petites mains qui leur distribuaient des poignées de leurs herbes préférées.

Un jour, deux mauvais drôles revenant d'un *pardon* (1) où ils avaient fêté outre mesure le cidre de *cazeaux* (2) et l'eau-de-vie, arrivèrent auprès d'Ellen sans qu'elle s'en aperçût. Ils voulurent l'embrasser de force. La pauvre enfant se débattait en criant, lorsque la Providence lui envoya un secours inattendu.

Un jeune homme portant le costume des chasseurs alors en garnison à Pontivy, tomba tout à coup sur les deux mauvais sujets.

Doué d'une force herculéenne, qu'augmentait encore une violence excessive, Yvon Le Marec asséna un tel coup de poing au premier adversaire qui se présenta que celui-ci, assommé du coup, ne se releva que pour s'enfuir à toutes jambes. Le second, pris à la gorge, fut si rudement serré, qu'à peine échappé à l'étau qui l'étouffait, il s'empressa de suivre la déroute de son compagnon.

Ce fut l'affaire d'un instant.

Yvon était, on le voit, brave et vigoureux, mais il ne brillait ni par sa galanterie, ni par le charme de sa conversation. Sans dire un seul mot à celle qu'il venait de défendre, il ramassa son schako tombé durant la ba-

(1) Pardon : nom des assemblées ou fêtes patronales de village.

(2) Cazeaux : les pommes de Cazeaux sont des pommes d'une espèce particulière qui donnent beaucoup de *montant* au cidre.

taille, le mit sous son bras, et s'en alla laver au ruisseau voisin le sang qui coulait d'une écorchure qu'il avait reçue à la joue.

En relevant la tête, il aperçut Ellen qui, agenouillée près de lui au bord du ruisseau, pleurait en le regardant.

— Pourquoi pleurer comme ça, ma petite? lui dit le chasseur. Ce n'est rien, allez !... une écorchure qui sera guérie demain.

Ellen continuait à le regarder avec ses grands yeux fixes. Elle prit un coin de son pauvre tablier et, le trempant dans l'eau, elle essaya d'étancher le sang qui coulait toujours, quoique la blessure ne fût rien en réalité.

Tout honteux d'être ainsi soigné par une femme, le chasseur voulut arrêter le bras de la jeune fille. Elle frappa du pied avec impatience et se remit à pleurer.

Sous les dehors les plus durs et les plus brusques, Yvon cachait un excellent cœur.

— Allons, ne vous fâchez pas, dit-il en lâchant le bras d'Ellen qu'il laissa faire à sa guise.

Tandis qu'elle essuyait le sillon rougeâtre creusé probablement par le bouton de la manche d'un des paysans sur la joue du soldat, Yvon regardait autour de lui d'un air inquiet. S'il avait aperçu quelqu'un, il se fût sauvé à toutes jambes.

Il ne tarda pas à remarquer le triste état de l'intelligence d'Ellen. Lui-même était d'un caractère sombre et concentré. Outre quelques autres causes que nous ferons connaître plus tard, la sauvagerie d'Yvon tenait beaucoup à sa timidité. Il avait toujours peur qu'on se moquât de lui.

En voyant sa supériorité sur Ellen, il se sentit plus à l'aise, et se mit à causer avec la petite. Celle-ci ne le comprenait pas toujours et lui répondait le plus souvent de travers, ou ne lui répondait pas. Elle semblait cependant faire des efforts inouïs pour comprendre, et ses grands yeux, fixés sur le chasseur, suivaient avec une profonde attention tous les mouvements de la physionomie de ce dernier.

Souvent, à quelques naïvetés, à quelques réponses saugrenues de la petite, Yvon (qui ne se déridait pourtant pas une fois tous les deux mois), se mettait à rire d'un gros rire plein de bonté et d'indulgente commisération. Alors Ellen riait aussi.

Elle le mena voir ses vaches. Yvon, élevé à la campagne, avait commencé par être *pâtour*. La conscription l'avait forcé de quitter, bien malgré lui, la ferme où il était premier garçon. Il n'aspirait qu'à redevenir laboureur. Aussi aimait-il tout ce qui touchait aux travaux des champs, et trouvait-il le même plaisir à contempler des bœufs et des moutons qu'un jockey à considérer un cheval de course.

La vue de l'uniforme effaroucha d'abord les vaches d'Ellen, qui s'enfuirent en soufflant bruyamment. Néanmoins elles se rapprochèrent peu à peu. Yvon les examina avec tout le sérieux d'un connaisseur et les caressa. Une d'elles, plus familière que les autre , vint appuyer sa grosse tête sur l'épaule du soldat avec cet instinct qu'ont les animaux pour deviner les gens qui les aiment. Yvon était ravi. Quant à Ellen, elle sautait de joie autour d'Yvon et de sa favorite.

Malheureusement, la joie d'Ellen fut bientôt troublée. Elle aperçut cinq ou six individus qui sortaient en courant de la lisière du bois. Grâce à l'étendue extraordinaire de sa vue, la jeune fille reconnut du premier coup d'œil les vauriens de tout à l'heure, assistés de quatre camarades tenant des fléaux à battre le grain, arme terrible entre les mains des paysans.

Yvon, naturellement batailleur, voulait tout de suite marcher à leur rencontre et charger lui-même les assaillants.

La petite se cramponna à ses habits et le supplia de ne pas se montrer.

— Bah ! disait le chasseur en tourmentant la poignée de son sabre, je ne me moque pas mal de leurs fléaux, moi. Il ne sera pas dit qu'un gars de Pleudaniel, un chasseur du 2ᵉ, a reculé devant cinq ou six *faillis gars*.

— Ils vous tueront, bien sûr, dit la petite, et puis ils me battront après.

— *Fé d'ann Doué* (1) ! s'écria le digne garçon dont les yeux étincelèrent, s'ils avaient le malheur de frapper une pauvre innocente comme toi, aussi vrai que je m'appelle Yvon Le Marec, je les tuerais comme des chiens !

(1) Jurement breton.

Néanmoins, et fort heureusement pour la pauvre Ellen, qui tremblait de tous ses membres, Yvon se rappela que son colonel était excessivement sévère au sujet des querelles avec les paysans. Il rentra dans le taillis avec la petite et attendit que les paysans eussent disparu sur la route. Quant à lui, il prit un chemin de traverse qui conduisait aussi à Pontivy.

— Bonsoir, petite, dit-il à la gardeuse de vaches; je viendrai demain savoir si ces *feignants*-là ont essayé de te battre, et alors...

— Oh! dit Ellen, je vais me cacher dans la brousse du Téniau. Ils ne me trouveront pas.

— N'importe, répéta Yvon en s'éloignant, je reviendrai demain, et s'ils ont eu le malheur de te toucher, foi d'Yvon, je vais les trouver jusque sur leur aire, et, malgré leur nombre, ils ne s'en trouveront pas bien, je te jure.

Ellen le suivit longtemps des yeux; puis elle alla se cacher dans sa retraite habituelle. Pour la première fois peut-être de sa vie, une pensée se fit jour dans sa pauvre tête.

Yvon avait parlé de revenir le lendemain, et cette idée la préoccupa beaucoup.

L'uniforme, le pantalon rouge, le sabre, le schako et les tresses éclatantes du chasseur avaient vivement frappé l'imagination de la jeune fille. La force et le courage d'Yvon, ainsi que sa bonté pour elle, avaient aussi fortement impressionné la petite gardeuse de vaches.

Elle rêva toute la nuit de son libérateur.

Fils d'un petit cultivateur de Pleudaniel, dans la Bretagne bretonnante, Yvon était arrivé au régiment, sortant pour la première fois de son village et ne sachant pas un mot de français. Son air gauche et sa démarche embarrassée, sa difficulté pour parler et pour comprendre en firent, dès les premiers jours, un objet de risée pour ses camarades.

Fier et susceptible, Yvon fut profondément froissé des railleries dont il était l'objet.

Son cœur, naturellement bon et affectueux malgré ses brusques dehors, se replia sur lui-même. Il devint d'une susceptibilité exagérée et vécut complétement en dehors de ses camarades, qui l'appelaient l'*Ours de Pleudaniel.*

On essaya bien, dans les commencements, de lui faire quelques mauvaises farces ; mais, comme il était peu endurant et d'une violence terrible dans sa colère, on comprit bien vite qu'il serait imprudent de le pousser à bout.

Dans tout le régiment, un seul homme exerçait sur Yvon un empire moral indépendant du grade et de l'autorité.

C'était un jeune capitaine, nommé M. de Landy, dont la famille habitait aussi les environs de Pleudaniel. M. de Landy, grand et beau garçon de vingt-huit ans, l'un des premiers écuyers du régiment, étourdi, prodigue, un peu mauvais sujet, mais plein de cœur, de courage et de loyauté, avait pris Yvon sous sa protection. Il le fit entrer dans sa compagnie et le recommanda aux autres officiers. Bien souvent, en passant à côté d'Yvon, il prenait la blague de ce dernier et la remplissait de tabac ; ou bien il glissait dans la main du chasseur une petite pièce blanche que la cantine et le débit de tabac finissaient toujours par se partager.

Yvon était loin de se montrer insensible à ces petits cadeaux ; mais ce qui le touchait le plus dans les manières du capitaine, c'étaient les paroles amicales de ce dernier.

D'après ce que nous venons de dire, toute personne connaissant un peu le cœur humain comprendra facilement à quel point Yvon devait aimer son jeune capitaine. C'était une adoration, un fanatisme digne des sectateurs du vieux de la montagne.

Un seul fait en donnera une idée :

Deux chasseurs se permirent un jour de traiter de *grand carcan* le cheval noir de M. de Landy. Une pareille irrévérence choqua tellement maître Yvon, qu'il tomba sur les deux détracteurs de Mustapha, et les roua de coups, non sans recevoir lui-même maints horions.

Le digne garçon y gagna quinze jours de prison et un long sermon de la part du capitaine. Il est vrai que ce sermon, tout officiel, fut terminé par une vigoureuse poignée de main qui laissa un louis entre les mains du chasseur.

Cette péroraison n'était pas tout à fait conforme à la discipline ; mais il était bien difficile de ne pas être touché de l'attachement du pauvre garçon. Tout ce qui appartenait au capitaine était sacré pour Yvon. Sa figure si sombre et si triste se transformait dès qu'il apercevait M. de Landy. D'un mot dit en passant, au galop de son cheval, M. de Landy mettait du baume dans l'âme d'Yvon pour tout le reste de la journée.

II

Le lendemain, dès une heure de l'après-midi, Ellen était en embuscade sur la lande, cherchant à reconnaître un militaire dans chaque personne qui paraissait sur le chemin poudreux.

Elle aperçut Yvon à une grande distance et courut à lui en sautant de joie.

— Bonjour, Ellen, bonjour, disait le digne garçon en riant des joyeuses démonstrations de la petite; mais, ne sautez pas comme ça; vous êtes, *sans comparaison*, comme une chèvre, ma pauvre innocente.

— Ellen est bien contente, bien contente! répétait la jeune fille en frappant ses mains l'une contre l'autre.

— Eh bien, moi aussi, je suis bien content de vous voir, dit Yvon tout ému de l'accent affectueux de cette pauvre créature. On ne vous a pas battue au moins?

—Oh! non, fit Ellen, je me suis cachée dans le taillis.

Tandis qu'Yvon, qui avait marché très-vite, s'asseyait

sur une élévation de terrain en s'essuyant le front, Ellen posa le doigt sur la trace de l'écorchure reçue la veille pour la défendre.

— Bah! dit Yvon, c'est déjà guéri. Si nous avions été en Afrique combattre les Bédouins, comme on l'avait promis à notre colonel, j'en aurais peut-être reçu bien d'autres.

Ellen n'avait jamais entendu parler des Bédouins. Tout fier d'avoir quelque chose à enseigner, Yvon entreprit la tâche difficile de faire comprendre à la petite ce que c'était que l'Algérie et ses habitants. Dieu sait quelle était l'instruction d'Yvon à cet égard et quelles devaient être ses explications ! Mais il pérora fort longtemps là-dessus. Ellen n'y comprenait probablement rien du tout, mais elle écoutait avec admiration.

Pourtant, elle l'interrompit au beau milieu de son discours pour lui offrir d'un air triomphant un morceau de pain et deux carrés de lait caillé, deux *cailles*, comme on dit en Bretagne, qu'elle retira de son bissac.

— Qu'est-ce que tu veux que je fasse de ça ? lui dit Yvon un peu vexé de se voir ainsi arrêté dans son éloquence.

— C'est mon dîner que j'ai gardé pour vous, reprit l'enfant tout étonnée qu'on ne fît pas un meilleur accueil à son cadeau.

La pauvre petite, qui n'avait que bien juste ce qu'il lui fallait pour sa nourriture, appréciait en effet son présent en raison du sacrifice qu'il lui coûtait.

Yvon commença par rire de ce singulier cadeau, mais, à la réflexion, les larmes lui vinrent aux yeux.

— Vous avez du chagrin ? lui demanda la petite.

— Eh non, petite sotte, fit-il tout honteux de son émotion ; au contraire, vous êtes une bonne fille, une bonne et brave fille, ma pauvre innocente ; mais mangez votre pain et vos *cailles ;* moi, je n'ai pas faim... là, bien vrai.

Ce n'était pas le compte d'Ellen, qui s'était mis dans la tête que le chasseur mangerait ses petites provisions ; aussi, revint-elle à la charge avec l'obstination des enfants.

Tout ce que put obtenir Yvon, ce fut qu'Ellen partagerait avec lui. Le pauvre garçon n'avait pas la moindre faim et le festin n'était pas fort tentant ; mais il se fût étouffé plutôt que de chagriner sa petite camarade.

Ce repas de Lucullus terminé, la conversation reprit de plus belle. Yvon causait comme on cause à la campagne, c'est-à-dire par intervalles. Après chaque phrase, il réfléchissait, en *menuisant* avec son couteau des morceaux de bois qu'il donnait à la petite. Il lui parlait absolument comme à une enfant de quatre ans.

Un travail incroyable s'accomplissait dans la tête d'Hélène. Elle tendait tous les ressorts de sa faible intelligence pour comprendre ce que disait Yvon. On voyait sur sa physionomie la souffrance qu'elle éprouvait chaque fois que ses idées si péniblement rassemblées, se dispersaient tout à coup.

Avez-vous vu quelquefois un joueur d'échecs méditant une longue et savante combinaison perdre tout à coup le fil de ses laborieux calculs, au moment de les mettre à exécution? Hélène éprouvait une sensation analogue; mais, avec une patience inaltérable, Yvon recommençait cent fois la même explication.

Le temps passa si vite pour les deux jeunes gens, qu'Yvon arriva en retard au quartier et fut consigné pour le jour suivant.

Cent fois peut-être dans le courant de l'après-midi, Hélène monta et descendit la petite colline d'où l'on découvrait la route de Pontivy. Elle rentra toute désolée à la ferme et se coucha sans souper. Pour la première fois de sa vie, une impression morale exerça quelqu'influence sur son appétit.

Lorsque le chasseur revint au bout de deux jours, Ellen se mit à lui parler avec une volubilité incroyable. Il était d'autant plus impossible de la comprendre que ne pouvant trouver des mots pour rendre ses idées, elle employait à tort et à travers la première expression qui lui venait en tête.

Néanmoins, Yvon vit bien qu'elle lui reprochait sa longue absence. Pour se justifier, il essaya de lui faire comprendre ce que c'était que la salle de police et le maréchal des logis chef.

— Bah, s'écria-t-il au bout d'une heure, que je suis donc bête de perdre mon temps à expliquer tout cela à cette pauvre *innocente*. Tiens, petite, lui dit-il, regarde ce que je t'ai apporté.

Il ôta son schako, magasin universel du soldat, y prit son mouchoir, et, de ses plis soigneusement déroulés, il retira une de ces petites bouteilles en verre blanc, de la dimension du pouce, qui contiennent de petites dragées à l'anis. Cela se vend un ou deux sous, tout rempli chez les confiseurs ou chez les apothicaires des petites villes.

Ellen n'avait jamais reçu de cadeau. Elle resta émerveillée de la munificence du chasseur.

Jamais loge aux Italiens, cachemire, équipage, ou premier mobilier en acajou ne causèrent à une fille d'Eve une joie pareille à celle qu'éprouva la petite gardeuse de vaches en recevant la bouteille de deux sous.

Yvon, de son côté, s'épanouissait en voyant le contentement de l'enfant. Il frappait du pied, riait de son gros rire et se frottait les mains à s'en enlever l'épiderme.

Lorsqu'un pauvre être disgracié de la nature et rebuté de ceux qui l'entourent, ne devient pas tout à fait haineux et méchant, il est habituellement d'une bonté admirable pour ceux qu'il voit malheureux. Il en était ainsi d'Yvon.

Il se fit une habitude de venir chaque jour à la lande du Gourio. Dès qu'il avait un moment de libre, et quelque temps qu'il fît, il franchissait presque en courant les deux ou trois lieues qui le séparaient de sa petite camarade. A peine sorti de Pontivy, ce n'était plus le même homme; sa figure s'animait, il marchait d'un pas délibéré. De temps en temps, sa joie intérieure faisait explosion par des refrains de vieux noëls ou de chansons en langage bas-breton.

Un de ses camarades qui l'aurait vu alors franchir d'un bond les douves et les petits talus de la lande, en chantant à tue-tête, aurait éprouvé de graves inquiétudes sur la raison du jeune chasseur si taciturne d'habitude.

Quant au motif qui l'attirait chaque jour auprès d'Ellen, Le Marec ne se l'était jamais demandé.

On l'eût singulièrement surpris et indigné en lui disant qu'il était amoureux de la petite *innocente* du Gourio.

Par malheur pour les deux jeunes gens, les visites si fréquentes d'un militaire ne pouvaient manquer d'être remarquées dans le pays.

Les pâtours des environs s'en aperçurent les premiers et suivirent Yvon de loin. Cela leur fut d'autant plus facile qu'Yvon ne se méfiait nullement de cet espionnage, et ne songeait pas plus qu'Ellen aux suppositions peu favorables que pouvaient faire naître leurs relations journalières.

Dieu sait pourtant combien de conjectures bâtirent là-dessus tous les garçons et servantes de ferme du pays. Ces bavardages étaient d'autant plus fâcheux pour la vertu de la pauvre Ellen qu'à la campagne (et non sans raison peut-être) le titre de militaire est synonyme de séducteur.

Puis on remarqua le changement survenu dans les

manières de la jeune fille. Elle poussait la coquetterie jusqu'à se laver tous les jours la figure, et relevait tant bien que mal ses grands cheveux blonds auparavant toujours épars. Puis, Yvon lui avait donné quelques colifichets de toilette dont elle se parait avec une joie enfantine. On commença par la plaisanter sur son *bon ami.* Ne comprenant qu'à moitié ce qu'on lui disait, Hélène, déjà beaucoup moins farouche avec tout le monde, prenait les railleries pour des compliments. Elle avouait tout ce qu'on voulait lui faire dire, et riait joyeusement dès qu'on lui parlait du chasseur.

Bientôt cependant, chacun s'évertuant à faire de l'esprit à ses dépens, et inventant quelque nouveau moyen de la tourmenter, elle finit par voir qu'on se moquait d'elle. Les pleurs remplacèrent les éclats de rire.

Un jour qu'on s'était amusé à la retenir de force à la métairie, elle arriva tout éplorée auprès d'Yvon.

Ce jour-là même, ce dernier venait de s'apercevoir qu'on le suivait. Deux gamins qu'il attrapa payèrent pour les autres, et reçurent deux ou trois taloches qui les renvoyèrent hurlant comme des écorchés.

Dans tout ce qu'Hélène lui raconta, Yvon devina des méchancetés, que n'avait pu soupçonner la naïve imagination de la jeune fille. Cela le mit en fureur.

Au milieu de son exaspération, il entendit un bruit de voix dans le taillis et vit cinq ou six paysans qui sortaient d'un sentier à quelques pas de lui.

C'étaient des garçons d'une ferme voisine qui coupaient du bois dans les environs. Un des pâtours corrigés tout à l'heure par Yvon leur servait de guide.

Ils commencèrent par ricaner bien haut en s'arrêtant près d'Ellen et d'Yvon, puis, s'animant mutuellement, ils se mirent à insulter les deux jeunes gens , d'abord par de grossiers propos, puis par des injures.

Yvon était trop en colère pour pouvoir répondre. Il se leva et s'avança vers eux les poings fermés. Un grand gaillard qui le dépassait de toute la tête, s'avança à la rencontre du chasseur, en continuant à le narguer.... Il reçut l'explosion de la colère si longtemps comprimée du chasseur et s'en alla tomber à deux pas le nez écrasé et les dents brisées par un coup de poing qui mit en sang les doigts d'Yvon.

Les autres paysans se jetèrent sur ce dernier, mais il était trop fort et trop bon lutteur pour se laisser renverser.

La pauvre Ellen s'était jetée plusieurs fois au milieu des combattants, au risque de se faire tuer. Avec une énergie qu'on n'aurait jamais attendue d'une aussi faible créature, elle se cramponnait aux bras des paysans. Plus d'une fois, elle détourna des coups qui étaient destinés à Yvon ; mais la pauvre enfant finit par recevoir elle-même un coup qui la rejeta en arrière, presque sans connaissance.

Lorsqu'elle reprit ses sens, elle aperçut le chasseur agenouillé près d'elle et cherchant à la faire revenir.

Tout autre qu'Yvon eût été tué d'un coup qu'il avait reçu sur la tête ; mais les crânes des Bas-Bretons semblent être composés d'une substance toute particulière de la même nature que les rochers de leurs grèves.

Elle voulut lui offrir le bras pour l'aider à marcher. Il refusa ce qu'il eût regardé comme une humiliation. Il se mit en route, après avoir fait son possible pour rassurer la pauvre enfant, et revint au quartier fort inquiet de la punition que lui vaudrait certainement sa bataille avec les paysans.

Pour comble de malheur, on lui apprit que M. de Landy, son conseiller, son protecteur habituel dans toutes les circonstances critiques, venait de partir pour Lorient avec une permission de huit jours.

Bien qu'Yvon s'évertuât à prouver que ses blessures n'étaient rien, on le fit conduire à l'hôpital.

Dans la nuit, une fièvre ardente s'empara de lui. Il eut le délire et l'on fut obligé de le faire tenir de force par des infirmiers.

Les blessures d'Yvon n'offraient aucun danger pour sa vie, mais l'état d'esprit du pauvre garçon nuisait beaucoup à son rétablissement. Le colonel se montrait fort sévère pour toutes les querelles entre bourgeois et militaires, et Le Marec s'attendait à quelque longue punition. Il craignait, en outre, les reproches de M. de Landy; mais, ce qui le tourmentait plus que tout le reste, c'était la pensée de ce qu'allait devenir sa petite amie du Gourio.

La pauvre Ellen eut en effet bien des chagrins à supporter.

Chacun l'accabla de railleries et d'injures. On lui reprocha *les malheurs* causés par son *galant*. A toutes les dures paroles qu'on lui adressait, elle ne répondait que par des larmes.

Quant aux coups (et la pauvre fille en reçut aussi), elle se laissait battre sans résistance et sans essayer de se défendre.

Les voisins engagèrent même le père Antoine, le successeur de Lecall, à renvoyer sa *coureuse* de servante : mais ce n'était pas l'affaire du bonhomme dont les intérêts passaient avant toute autre considération. Or Ellen s'acquittait fort bien de ses humbles fonctions et ne coûtait pas un sou de gages au fermier...

— Bah! disait-il, en prenant un air de commisération, elle ne sait point ce qu'elle fait ; faut bien avoir pitié d'une pauvre innocente.

Quelques jours se passèrent. Chaque après-midi, Ellen montait à la petite colline d'où l'on découvrait la route de Pontivy ; de temps en temps, elle courait donner un coup d'œil à ses bestiaux, puis elle revenait à son poste.

Sa pauvre tête était dans un état de fermentation incroyable.

Durant ces huit jours, Ellen vécut plus que dans les treize années qui venaient de s'écouler.

Jusque là, malgré toutes les privations qu'elle avait eues à subir, Ellen n'avait jamais été malade. Le réveil lent, mais continu de son cœur et de son intelligence la rapprochant peu à peu des lois de l'humanité, elle devait en subir toutes les conséquences. Pour la première fois de sa vie, elle tomba malade : comme personne à la ferme ne daignait s'occuper d'elle, on n'y fit même pas attention, Ellen souffrit en silence, sans se plaindre et sans rien faire pour se soigner.

Au bout de quelques jours, la jeune fille ne put résister à son inquiétude. Elle ne s'était jamais rendu compte bien exactement de la position d'Yvon comme militaire.

Seulement, elle savait qu'il demeurait à Pontivy dans une grande maison où il y avait beaucoup d'autres soldats comme lui.

Laissant ses bestiaux à la garde de Dieu, et bravant les reproches qu'elle ne pouvait manquer de recevoir à son retour, Ellen partit pour Pontivy; elle n'en connaissait pas la route, mais elle suivit le chemin qu'elle avait vu prendre à Yvon.

En entrant dans la ville (qui n'a rien de beau sous aucun rapport), elle resta tout effrayée de voir tant de belles maisons et tant de monde. Le désir de revoir Yvon l'emporta cependant sur la terreur mystérieuse qui commençait à s'emparer d'elle dans ces régions inconnues. Ne sachant vers quel côté se diriger, elle errait au hasard, lorsqu'elle rencontra un militaire portant le même uniforme qu'Yvon.

Elle courut à lui toute joyeuse et lui posa la main sur le bras.

— Eh ! laisse-moi donc tranquille, je n'ai rien à te donner, lui dit le chasseur, qui la prit pour une mendiante.

— Où est Yvon ? demanda-t-elle.

— Quel Yvon ? dit le soldat en regardant la petite plus attentivement.

—Yvon Le Marec.

— Ah ! oui ; l'ours de Pleudaniel ? Ce n'est pas un beau galant que vous avez là, ma petite.

— Où est Yvon ? reprit Ellen, tout entière à son idée.

— A l'hôpital.

— Où est l'hôpital ?

— La deuxième rue à gauche, répondit le soldat, mais on ne vous laissera pas entrer. Vous feriez bien mieux de.....

Ellen était déjà loin.

Ce mot d'hôpital est un épouvantail pour les paysans. Ils se figurent qu'à l'hôpital on laisse les pauvres mourir de faim, et qu'on donne leurs corps à disséquer aux chirurgiens. Ellen avait confusément entendu parler de tout cela. Il lui en était resté une impression générale de lugubre terreur.

Néanmoins, elle courut de toute la vitesse de ses jambes jusqu'à l'endroit qu'on venait de lui indiquer. Puis, après bien des irrésolutions, elle interrogea une bonne femme qui passait. Celle-ci lui montra l'hôpital à deux pas devant elle.

Arrivée à la porte, les angoisses de la jeune fille recommencèrent. Elle laissa retomber le lourd marteau du portail ; mais son cœur battait comme si elle eût commis un crime.

Un vieux portier à la figure rébarbative, entr'ouvr un judas grillé.

— Que voulez-vous? demanda-t-il brusquement.

— Je veux voir Yvon.

— Quel Yvon ?

— Un militaire.

— Cet Yvon est-il votre frère, votre parent ?

L'enfant interdite balbutia quelques mots confus. Le portier haussa les épaules, et ferma brusquement le judas. Dieu sait quelle supposition il fit sur le compte d'Ellen.

Celle-ci attendit quelque temps, espérant toujours qu'on allait lui ouvrir.

Enfin, elle se décida à frapper une seconde fois. Le portier revint, et s'emporta contre Ellen qui crut avoir commis quelque grande faute, et prit la fuite à toutes jambes.

La pauvre créature eut encore cependant le courage de retourner sur ses pas. Cette fois, elle n'osa s'approcher du portail, et se contenta d'errer comme une âme en peine autour de l'hospice, en contemplant tour à tour chaque fenêtre.

Lorsque vint la nuit, les frayeurs de la pauvre enfant redoublèrent. Néanmoins elle ne quitta pas son poste. Vers minuit, brisée de fatigue, elle s'endormit sur le banc de pierre placé tout près de la porte de l'hospice. La pluie qui tombait à torrents ne tarda pas à la réveiller. Après avoir encore erré quelque temps dans les rues voisines, Ellen rencontra une de ces maisons bâties suivant l'ancienne architecture, dont le premier étage faisait saillie au-dessus du rez-de-chaussée. Elle se blottit sous cette espèce d'auvent, et passa le reste de la nuit assise par terre, le dos appuyé contre la muraille, et la tête reposant sur ses deux mains.

Quand vint le jour, elle retourna se placer devant l'hospice.

Sa présence et sa tournure un peu étrange finirent par attirer l'attention des voisins.

Aux questions qu'on lui adressa, elle répondit comme au portier, comme à tout le monde, qu'elle attendait Yvon Le Marec. On s'aperçut bientôt qu'elle avait l'esprit un peu dérangé, et l'on eut pitié d'elle.

— Vous avez donc passé la nuit dehors ? lui dit une vieille marchande de sabots qui voyait la pauvre enfant grelotter sous ses haillons mouillés.

— Oui, dit Ellen.

— Depuis quand êtes-vous là ?

— Je ne sais pas.

— Vous n'avez donc pas de parents, personne qui s'occupe de vous ?

— Non, dit la petite, qui se mit à pleurer.

— Bonne sainte Vierge, s'écria la vieille femme, cela fend le cœur. Allons, venez avec moi, ma pauvre fille.

Je ne suis pas riche non plus ; mais il ne sera pas dit qu'une créature du bon Dieu aura souffert de faim et de froid devant la porte de Madeleine Gaurial tant qu'il restera un morceau de pain dans sa huche.

— Je ne veux pas m'en aller d'ici, répondit Ellen, qui, malgré la faim dont elle commençait à souffrir, ne voulait pas s'éloigner de l'hospice.

— Pauvre *innocente*, dit la bonne femme, cet Yvon est quelque mauvais garnement qui l'aura trompée. Enfin, c'est au bon Dieu, et pas à moi de la juger. — Allons, venez donc, petite, continua-t-elle en s'emparant du bras d'Ellen ; tenez, voilà ma boutique là, juste vis-à-vis de la maison ; vous verrez l'hospice aussi bien que d'ici.

Ellen suivit alors la bonne vieille, qui lui donna du pain et du beurre, ainsi qu'un peu de lait, qu'elle alla chercher chez une voisine.

Au bout d'un quart-d'heure, toutes les commères du quartier étaient réunies chez la Madeleine et harcelaient la petite paysanne de questions. Mais il y avait de la bienveillance et de la commisération dans leur curiosité. Chaque femme s'en retourna chez elle fouiller dans son armoire et rapporta quelque chose pour l'habillement de la pauvre abandonnée.

Le bruit de la bataille qui avait eu lieu la veille, auprès du Gourio, entre un soldat et des paysans, commençait déjà à circuler en ville. Puis, une cardeuse de matelas qui travaillait souvent au Gourio reconnut Ellen pour l'avoir vue à la métairie.

On essaya de décider Ellen à s'en retourner à la ferme ; elle refusa. Persuasion, raisonnements, menaces, tout échoua devant son obstination. On voulut l'emmener de force ; mais elle se débattit avec tant de violence et poussa des cris si déchirants, qu'il fallut la laisser tranquille.

Quelqu'un eut l'idée d'aller prévenir le commissaire de police, cet homme universel de la province, dont chacun se moque et médit assez volontiers, mais chez lequel on accourt à la plus petite difficulté.

Il vint lui-même chez la Madeleine. Ses regards inquisiteurs et sa voix un peu brusque effrayèrent la petite; elle garda un silence obstiné. Le fonctionnaire, qui était un ancien sous-officier décoré, se rendit alors à l'hospice dans l'espoir d'obtenir d'Yvon quelques renseignements.

Ce dernier entrait en convalescence.

Dès qu'on lui parla de la présence d'Ellen, il sauta en bas de son lit en réclamant à grands cris ses vêtements et le droit de sortir. Le double refus qu'il essuya le mit dans un tel état d'exaspération, qu'il frappait du pied, injuriait les infirmiers et jurait comme un païen, quoique ce ne fut pas dans ses habitudes.

Ce que le commissaire tenait surtout à éclaircir, c'était la nature des relations qui existaient entre Ellen et le militaire.

L'indignation d'Yvon, au premier mot qu'on lui toucha de ce sujet, rendit inutile un plus long interrogatoire.

— Voyons, chasseur, disait le brave homme de com-

2.

missaire, qui voyait Yvon se désoler comme un enfant en songeant à ce qu'allait devenir la pauvre Ellen, voyons, un peu de courage, que diable ! Je vais ramener cette petite à la métairie, et quand vous serez rétabli...

— On va la battre, *bien sûr*, disait Yvon.

— Ne craignez rien ; j'irai la conduire moi-même, et je ferai mes recommandations. Allons, du courage, mon garçon, ne vous désespérez donc pas ainsi.

Il revint chez la vieille Madeleine, et les nouvelles qu'il apportait sur la santé d'Yvon firent oublier à Ellen l'impression désagréable qu'elle avait éprouvée aux premières paroles du commissaire. Après de bien longs pourparlers, et grâce au nom d'Yvon dont il se servit à propos, le commissaire parvint enfin à la ramener à la ferme du Gourio.

Il fit promettre au père Antoine de ne pas punir la petite de sa *désertion*, et menaça de sévères châtiments tous ceux qui lui feraient quelques mauvais traitements.

On n'osa pas, dans la ferme, désobéir aux recommandations du fonctionnaire si redouté ; mais on s'en dédommagea par des quolibets et des railleries, et par toutes ces mille petites vexations que nulle autorité ne peut ni prévoir ni défendre.

Ellen supporta tous ces ennuis avec une insensibilité complète. Au bout de deux jours, lorsqu'elle ne vit pas revenir Yvon, ainsi que le lui avait promis M. Morin (le commissaire), elle partit de nouveau pour Pontivy.

Cette fois, elle se rendit tout droit chez Madeleine,

qui fit mine de vouloir la mettre à la porte et n'en eut pas le courage. Le commissaire fut prévenu : mais, cette fois, son éloquence fut inutile, quoiqu'il allât jusqu'à menacer Ellen de la mettre en prison, si elle ne retournait pas de suite au Gourio.

Quelques mots échappés à un infirmier apprirent en même temps à Yvon le retour de la petite anglaise. Il allait probablement commettre quelque extravagance, lorsque, par bonheur, il vit arriver M. de Landy. Yvon courut à lui et se jeta presque à ses genoux.

— Qu'as-tu donc, mon pauvre garçon ? lui demanda M. de Landy avec intérêt.

Yvon lui raconta toute l'histoire d'Ellen, et le supplia de venir en aide à la pauvre enfant. Le récit du digne garçon ne brillait ni par l'éloquence, ni par la clarté ; mais c'était tout son cœur qui parlait, M. de Landy fut vivement ému de l'affection de ces deux pauvres êtres.

— Je me charge de tout, dit-il à son compatriote. Soigne-toi bien, mon pauvre garçon, rétablis-toi vite, et, foi de Breton, ton Ellen ne manquera de rien.

Une promesse du capitaine était pour Yvon parole d'évangile. Il remercia M. de Landy avec effusion, et, dès ce moment, son esprit plus calme contribua beaucoup à son rétablissement.

Tandis qu'il se recouchait sans murmurer, le capitaine, guidé par la première personne qu'il rencontra, se rendait chez la Madeleine.

Yvon avait souvent parlé à la petite paysanne de son

capitaine, M. de Landy. Aussi Ellen accueillit-elle l'officier avec tant de joie et d'expansion qu'il en fut tout ému.

Sur le conseil du commissaire, qui se trouvait là, il fut convenu qu'Ellen resterait chez la marchande de sabots.

Le capitaine remit à cette dernière le peu d'argent qui lui restait après son voyage et promit de lui payer régulièrement une petite pension pour la nourriture et le logement d'Ellen. Afin de calmer un peu la petite, il lui assura qu'il ferait son possible pour lui obtenir la permission de voir Yvon, tout en la prévenant que ce serait bien difficile et probablement impossible.

Cette espérance, malgré son peu de certitude, releva le courage d'Ellen. Elle s'endormit là-dessus, tout heureuse de coucher sur un matelas et dans une chambre.

La position de cette pauvre enfant préoccupa beaucoup M. de Landy. Il sentait bien qu'elle ne pouvait rester à Pontivy, mais il la voyait si désespérée dès qu'on lui parlait de retourner au Gourio, qu'il n'avait plus le courage d'insister. Il prit le parti d'aller trouver Yvon lui-même et de lui faire comprendre la difficulté de la position. A force de le sermonner, il finit par lui faire entendre raison. Le difficile était d'arriver au même résultat auprès d'Ellen. Grâce à l'entremise du commissaire, on obtint une permission toute spéciale pour qu'elle pût avoir une entrevue avec le blessé.

M. de Landy alla chercher la petite, la conduisit à

l'hôpital, et la fit entrer dans le parloir où l'attendait Le Marec.

La pauvre petite se jeta dans les bras d'Yvon. Celui-ci, honteux de laisser voir son émotion, cherchait à se contenir, mais de grosses larmes coulaient sur ses joues.

L'entretien des deux jeunes gens fut si touchant dans sa naïve et profonde affection, que la religieuse, les deux infirmiers et le capitaine lui-même en avaient les larmes aux yeux.

Ellen se jeta aux genoux de la religieuse pour la supplier de la garder dans la maison.

— Je servirai de domestique, disait-elle, je travaillerai nuit et jour, si l'on veut. Vous ne me donnerez point de gages. Puis, je ne suis pas difficile à nourrir ; un morceau de pain, voilà tout ce qu'il me faut.

La bonne religieuse sanglotait en l'écoutant, mais il n'y avait pas moyen d'exaucer le désir de la petite. Pressé par le capitaine, Yvon parvint à faire comprendre à Ellen la nécessité de retourner au Gourio.

Cette fois, ce fut le capitaine qui se chargea de ramener la petite déserteuse.

En voyant arriver le bel officier, le père Antoine comprit bien vite qu'il avait quelque chose à gagner dans tous ces arrangements.

Il prit un air de colère, jura ses grands dieux que rien au monde ne pourrait le décider à reprendre Hélène, une *peste*, un *fléau*. Mais deux pièces de cinq francs apaisèrent bientôt ce grand courroux. M. de Landy promit en outre de revenir à la fin du mois et de donner encore dix francs, pourvu qu'Ellen eût été bien soignée, et qu'on n'eût laissé personne la tourmenter.

Antoine jura par tous les saints du paradis qu'il y veillerait lui-même, et M. de Landy prit congé de sa petite protégée qui, deux heures après, fut réinstallée dans ses importantes fonctions.

La promesse conditionnelle des dix francs fit merveille. C'est une somme pour les paysans, car l'argent est rare à la campagne. Dans deux ou trois occasions où l'on paraissait disposé à molester Ellen, le père Antoine, qui ne badinait pas dès que son intérêt était en jeu, alla prendre à la cheminée un joli bâton de houx et le montra aux mauvais plaisants. Cette simple mais éloquente démonstration coupa court à tous les quolibets.

Au bout de quelques jours, Yvon put enfin quitter l'hôpital. Bravant la fatigue, la défense du colonel, et le danger de rencontrer ses anciens adversaires dans l'état d'affaiblissement où il était encore, le chasseur revint comme auparavant voir sa petite camarade.

Son projet, son plus vif désir était d'épouser Ellen; mais, vu les trois ans de service qui lui restaient à faire, cela ne pouvait avoir lieu de longtemps.

Un soldat ne peut épouser qu'une femme réunissant certaines conditions de fortune et de moralité. Même avec toutes ces conditions réunies, les permissions de mariage sont encore très-difficiles à obtenir.

Tandis que les deux amoureux prenaient patience en bâtissant de superbes projets pour l'avenir, un grand chagrin se préparait pour Yvon. M. de Landy, nommé chef d'escadron dans un régiment de spahis, fut obligé de partir immédiatement pour l'Algérie.

Il fit tout son possible pour emmener Yvon, qui, jusqu'alors, avait appelé de tous ses vœux le moment d'aller combattre les Arabes. Mais l'amour d'Ellen l'emporta sur tout autre sentiment dans l'âme du Bas-Breton.

— Qu'est-ce que la pauvre fille deviendrait sans moi ? disait-il au capitaine.

Pourtant le cœur du pauvre garçon se brisa lorsqu'il fallut dire adieu au compatriote si bon, si généreux, qui lui avait rendu tant de services et témoigné tant d'intérêt.

M. de Landy, généreux et prodigue, et par conséquent toujours endetté, n'avait que bien juste de quoi faire son voyage. Néanmoins, en prenant congé d'Yvon, il lui glissa dans la main deux pièces d'or.

Ce dernier, qui venait d'entendre cinq minutes auparavant un créancier exigeant menacer le jeune officier, voulut rendre les deux napoléons.

— Garde-les, va, mon pauvre garçon lui dit M. de Landy. S'il arrivait quelque malheur à Ellen, cela pourrait te servir. Adieu Yvon ; ne fais pas la mauvaise tête et si tu as besoin de ton compatriote, écris-lui sans hésiter.

Le départ du capitaine bouleversa toute l'existence d'Yvon. Le service lui devint odieux. Son humeur peu sociable et son caractère susceptible lui avaient fait bien des ennemis. Toutes les petites rancunes contenues jusque là par la protection du capitaine ne tardèrent pas à se faire jour. Ses amours avec Ellen étaient naturellement connus de ses camarades, et plus d'un Lovelace de l'escadron éprouvait une certaine jalousie de voir un garçon aussi peu brillant que le pauvre Yvon devenir le héros d'une aventure amoureuse.

Un jour, on se donna le mot pour attaquer Yvon au sujet de ses amours. A la première plaisanterie qu'on fit sur Ellen, il s'emporta outre mesure. Il s'ensuivit une querelle qui amena encore la prison.

Malheureusement pour Yvon, il ne savait pas écrire. N'ayant aucun camarade à qui se confier, et retenu par une sorte de honte dès qu'il fallait dicter ses pensées à une main étrangère, il ne put prévenir Ellen de sa nouvelle mésaventure.

Ce qu'il craignait ne manqua pas d'arriver. Au bout de quelques jours, Ellen abandonna de nouveau ses bestiaux, et revint à Pontivy trouver la vieille Madeleine.

Depuis quelque temps, l'intelligence d'Ellen avait fait des progrès extraordinaires. Sauf un peu de désordre et une naïveté enfantine dans ses paroles, ainsi qu'un peu d'égarement dans son regard, c'était désormais une personne ordinaire. Seulement, elle était devenue fort jolie, et sa nature anglaise prenant le dessus, elle apportait à sa toilette une propreté et des soins dont se dispensent trop souvent les jeunes filles du Morbihan.

Cette fois, la vieille Madeleine parvint aisément à faire comprendre à la jeune fille qu'elle risquerait de nuire au chasseur si elle allait le demander au quartier ; mais il fut impossible de la faire retourner au Gourio.

Voyant son obstination, Madeleine finit par céder à ses instances. On acheta une quenouille, un fuseau et un peu de chanvre, et la petite Anglaise apprit assez vite à filer.

Ce travail, fort peu rétribué, lui rapportait environ trois ou quatre sous par jour ; c'est-à-dire, bien juste de quoi vivre. Néanmoins, elle se trouvait fort heureuse et attendait avec impatience la sortie d'Yvon pour lui annoncer cette grande nouvelle.

A peine en liberté, Yvon courut chez Madeleine.

Ellen lui raconta tous les talents qu'elle avait acquis, et la possibilité que cela lui donnait de rester à Pontivy.

Yvon avait encore les deux louis du capitaine. Il en remit un à Madeleine, et l'on acheta les deux ou trois objets nécessaires à l'installation de la petite.

Le bonheur des deux jeunes gens fut de courte durée. On remarqua bien vite dans le quartier les fréquentes visites du chasseur, et on les interpréta d'une manière d'autant moins charitable qu'Ellen était vraiment devenue une fort jolie fille.

Madeleine défendit de son mieux les deux amoureux : mais toutes les commères du quartier se moquèrent d'elle, et lui jetèrent la pierre.

La vieille marchande avait besoin de tout le monde et voyait sa petite clientèle l'abandonner peu à peu. Elle finit par prévenir Ellen qu'elle eût à chercher un autre logement.

Tout le monde regardant la jeune fille comme la maîtresse du soldat, elle eut mille peines à trouver une chambre ; encore la lui fit-on payer fort cher.

Les derniers vingt francs du capitaine furent promptement dépensés.

Les camarades d'Yvon, apprenant qu'il avait loué une chambre pour la jeune fille, recommencèrent leurs quolibets. Il s'ensuivit une nouvelle querelle dans laquelle l'adversaire d'Yvon fut grièvement blessé.

Le colonel se fit rendre compte de l'affaire ; apprenant que c'était la seconde querelle qui avait lieu à propos de la même femme, il pria le maire de renvoyer Ellen de Pontivy.

Malgré les bons renseignements que le commissaire de police donna sur la jeune fille, on prévint Ellen qu'elle eût à quitter la ville dans les vingt-quatre heures.

Comme elle s'y refusait, on la fit conduire de brigade en brigade jusqu'à la commune où le père Mathurin l'avait trouvée endormie dans une *jonnée*.

Un maréchal des logis de l'escadron d'Yvon, mauvais rôle s'il en fût sous tous les rapports, s'empressa d'aller raconter cette triste nouvelle au pauvre Bas-Breton.

Ce dernier, désespéré, voulut sortir du quartier.

Le maréchal des logis lui rappela, toujours en le raillant, qu'il était consigné pour quinze jours.

Yvon continua son chemin ; le sous-officier se mit devant lui et voulut l'arrêter.

La tête du pauvre Yvon se perdit ; il repoussa le sous-officier et le frappa violemment.

La punition d'une telle conduite ne pouvait être que la peine de mort, et, dès le premier jour, Yvon ne se fit aucune illusion à cet égard. Sa mauvaise intelligence avec ses camarades, ses querelles, ses duels et le bruit de ses relations avec Ellen, qu'on interprétait naturellement de la manière la plus défavorable, tout se réunit pour faire envisager sous le plus mauvais jour la conduite du pauvre Yvon.

Cependant, il lui arriva un secours imprévu. Pieux comme la plupart des Bas-Bretons, Yvon avait lié connaissance avec l'aumônier de l'hôpital, bon et digne vieillard aux longs cheveux blancs, à la figure calme et indulgente. En apprenant le malheur arrivé au jeune soldat, le digne prêtre, qui lui portait un sincère intérêt, accourut chez le colonel et obtint la permission de voir le prisonnier.

Il trouva Yvon déjà tout résigné à la mort, et ne s'occupant que de ce que deviendrait Ellen.

— Je vous jure devant le bon Dieu qui nous entend, que j'ai toujours respecté Ellen comme si elle avait été ma sœur, disait-il à l'aumônier qui cherchait à le calmer. Je ne m'occupe pas de ce que font les autres, moi; pourquoi viennent-ils me tourmenter? Ils sont cause que la pauvre créature a été emmenée par les gendarmes comme une fille perdue, comme une voleuse...

A cette pensée, Yvon retombait dans une exaspération terrible.

L'aumônier eut grand'peine à calmer ce pauvre cœur ulcéré.

Le lendemain, il revint avec une bonne nouvelle. Ellen avait quitté Plouézec une heure après le départ des gendarmes, et venait d'arriver à Pontivy.

Le bon aumônier n'eut garde de raconter au chasseur que la malheureuse enfant, qui avait marché jour et nuit, était tombée presque morte de fatigue et de faim en entrant chez la vieille Madeleine.

— J'ai été moi-même trouver le procureur du roi, dit l'aumônier, et j'ai obtenu qu'on laisserait cette pauvre enfant demeurer à Pontivy jusqu'à nouvel ordre. Maintenant, je vais m'occuper de la placer quelque part.

En sortant de chez Yvon, il alla trouver en effet une de ses pénitentes, vieille fille riche et bienfaisante, et la supplia de se charger de la petite paysanne.

La dévote se montra d'abord un peu récalcitrante, à cause des bruits fâcheux répandus sur le compte d'Ellen ; mais elle fut détrompée par l'aumônier qui venait de causer longuement avec la petite d'abord, puis avec la vieille Madeleine.

L'aumônier alla chercher la jeune fille et la conduisit lui-même chez mademoiselle Vialon.

L'état de la pauvre enfant, la douleur de sa physionomie, son air épuisé, ses yeux rougis par la fatigue et les larmes plaidèrent si éloquemment sa cause que Mlle Vialon lui fit aussitôt préparer une petite chambre dans la maison.

Dans l'entretien qu'il venait d'avoir avec Ellen, l'aumônier avait été douloureusement étonné de voir que la pauvre enfant ne possédait aucunes notions religieuses. Mlle Vialon se chargea d'instruire la jeune fille, et sa tâche fut beaucoup plus facile qu'elle n'aurait osé l'espérer. Surexcitée par le danger que courait Yvon, et qu'on n'avait pu lui cacher complétement, Ellen apporta bientôt une telle ferveur à sa dévotion qu'on fut obligé de ralentir son zèle... Si on l'eût laissée faire, elle se fût tuée à force de jeûnes et de pénitences.

Sur les instances de l'aumônier et de Mlle Vialon, le procureur du roi écrivit à Plouézec, puis à St-Brieuc et et à Vannes, afin d'obtenir, s'il était possible, quelques renseignements sur l'origine d'Ellen.

Durant tout cet échange de lettres, l'affaire d'Yvon marchait vers son triste dénouement.

Par un de ces revirements si fréquents de l'opinion publique, toute la ville commençait à s'intéresser au malheureux prisonnier. Le colonel lui-même, ramené à de meilleurs sentiments sur le compte d'Yvon par les renseignements qu'il recevait, se montrait désolé de cette affaire. Il aurait donné ses deux plus beaux chevaux pour qu'il lui fût permis de sauver le coupable : mais la chose était impossible.

Yvon passa donc au conseil de guerre, et fut condamné à mort, ainsi que tout le monde ne l'avait que trop prévu.

Au moment où il sortait du conseil entre quatre chasseurs, un commandant de spahis fendit la foule et vint serrer la main du pauvre condamné.

Celui-ci, qui avait écouté les débats et même la sentence avec une morne impassibilité, fondit tout à coup en larmes, en sentant sa main serrée par la main affectueuse de M. de Landy.

— Que Dieu soit béni! s'écria enfin le pauvre garçon, maintenant je mourrai tranquille. Vous aurez soin d'*elle*, n'est-ce pas, M. de Landy?

— Oui, mon pauvre Yvon, répondit le commandant vivement ému; mais je n'ai pas encore renoncé à tout espoir de te sauver. Je pars pour Paris dès ce soir afin de m'en occuper.

Yvon secoua la tête d'un air mélancolique.

— Merci, mon commandant, lui dit-il, mais occupez-vous d'elle avant tout.

M. de Landy lui fit signe qu'il se conformerait à son désir; et se rendit immédiatement chez le colonel. Quelques heures après, il prenait la malle-poste pour Paris.

Le jeune officier ne se dissimulait aucune des difficultés presque insurmontables de son entreprise. Mais, tant qu'il restait une lueur d'espoir, il se fût reproché de renoncer à sauver le pauvre garçon qui lui portait un si profond attachement.

Arrivé à Paris, il courut chez tous ses amis, et chez toutes les connaissances de sa famille qu'il supposait devoir lui être de quelque utilité pour le succès de sa demande en grâce. Enfin une personne, haut placée dans la magistrature et alliée au président du conseil, se chargea de mettre sous les yeux du roi la supplique apostillée déjà par plusieurs noms considérables.

Pendant qu'il attendait la décision avec une inquiétude facile à comprendre, une vieille amie de sa mère, la comtesse de Rimont, le fit prier de passer chez elle.

— Mon enfant, lui dit-elle, des idées que votre mère a, je crois, conservées comme moi, m'ont empêché de faire aucune démarche en faveur de votre protégé. On me connaît si bien pour une légitimiste endurcie que ma recommandation ne pourrait que nuire à ce pauvre garçon auprès des hauts fonctionnaires qui vont décider de son sort. Afin que vous ne m'en gardiez pas rancune, voici 2,000 fr. pour votre compatriote. S'il est gracié, comme je l'espère, vous lui achèterez un remplaçant et vous lui donnerez le surplus.

— Et si je ne réussis pas ? fit le commandant ; l'exécution de ce pauvre garçon est fixée au 27 et nous voilà déjà au 24. J'ai encore écrit ce matin pour lui, mais je vous avoue qu'il ne me reste plus grand espoir.

— Alors, répondit-elle, cet argent sera pour le bureau de bienfaisance de Saint-G.... (la commune où était situé le château de la comtesse).

Comme il rentrait à l'hôtel, une ordonnance arrivait au galop. Le commandant descendit d'un bond les dix marches qu'il venait de monter, et saisit la dépêche.

C'était la grâce d'Yvon.

Il courut à l'hôtel des postes et partit le soir même.

En descendant la côte à Mortagne, les chevaux de la malle-poste, effrayés par la rencontre d'un chariot de ménagerie, se jetèrent de côté et tombèrent avec la voiture, dans la vallée profonde qui borde la route.

Le postillon et l'un des voyageurs furent tués sur le coup.

Le conducteur et M. de Landy reçurent d'assez graves blessures. Ce dernier resta plusieurs heures sans connaissance. A peine eut-il repris ses sens, qu'il pria de lui chercher une voiture et des chevaux de poste. On lui fit toutes les représentations possibles sur le danger auquel il s'exposait; mais ce fut inutile. Comme il ne lui restait pas assez d'argent pour payer la voiture et faire la route en poste, il allait vendre sa montre, sa chaîne et sa chevalière, lorsqu'il songea aux deux billets de banque de la comtesse de Rimont. Avec cet argent, il acheta une espèce de cabriolet à quatre roues; mais, avant que le cabriolet fût prêt et les chevaux attelés, il s'écoula plusieurs heures, malgré l'activité que déployait l'énergique blessé.

Enfin le postillon se mit en selle et partit au galop, stimulé par la promesse d'un triple pourboire.

Le commandant courut ainsi, toujours ventre à terre, jusqu'à Pontivy. Il n'arrêta qu'à la porte de la prison. On lui dit que le condamné venait de partir.

M. de Landy sauta sur le cheval d'un gendarme, attaché près de la route, et partit au galop.

Il rejoignit Yvon et son escorte à dix pas du lieu où devait se faire l'exécution.

M. de Landy tendit la grâce à l'officier, et sauta au cou du pauvre Yvon ; puis, épuisé par la fatigue et par le sang qui coulait de sa blessure dont le mouvement du cheval avait dérangé l'appareil, il se laissa tomber sur le bord du chemin.

La triste destinée d'Yvon avait fini par lui concilier l'intérêt et la compassion de ceux même qui le détestaient auparavant, Aussi, les chasseurs poussèrent-ils un hourrah joyeux en apprenant qu'il était gracié, et vinrent-ils lui serrer la main avec effusion.

Quant à lui, il paraissait bien plus occupé de l'état du commandant dont le chirurgien pansait la blessure, que de la mort à laquelle lui-même venait d'échapper.

Dès qu'on eut replacé l'appareil, M. de Landy prit le chemin de Pontivy avec le petit détachement.

— Le père d'Ellen est venu la réclamer et l'a emmenée en Angleterre, dit Yvon à M. de Landy.

— Eh bien, tu iras la chercher s'il le faut jusqu'en Angleterre, répondit gaîment le commandant qui lui annonça le cadeau de la comtesse de Rimont.

Pour calmer l'impatience qui dévorait le pauvre

Yvon, M. de Landy lui promit d'aller de suite au parquet demander quelques renseignements sur la famille d'Ellen, et sur la manière dont elle avait quitté Pontivy.

Le procureur du roi auquel M. de Landy expliqua le motif qu'il avait de s'intéresser à la jeune Anglaise, lui donna fort gracieusement les renseignements suivants :

Le père d'Ellen était un Anglais du nom d'Albert Defferson. Il appartenait à une famille riche et considérée du comté de Derby ; mais sa jeunesse avait été tellement orageuse que tous ses parents s'étaient séparés de lui. Après avoir essayé de tous les métiers, il finit par se faire contrebandier entre les îles anglaises et les côtes de Bretagne et de Normandie. Son mariage avec la fille d'un simple patron de barque acheva de le séparer de sa famille.

Sa femme, élevée sur les flots, et brave comme un vieux marin, accompagnait Defferson dans toutes ses expéditions.

Après 1830, Albert, tout en continuant sa contrebande, se chargea de transporter en Bretagne quelques fidèles soldats de la légitimité. On sait quel fut le résultat de la plupart de ces tentatives.

Presque toujours, la police française était prévenue à l'avance du départ des conjurés par les espions qu'elle avait en Angleterre.

Lorsque, à force d'adresse et d'intrépidité, les royalistes avaient réussi, en trompant la vigilance des douaniers, à débarquer sur quelque point de la côte, ils étaient traqués de tous côtés par la gendarmerie.

Dans une de ces expéditions, le lougre que commandait Defferson fut jeté par la tempête sur les rochers de C...

Il avait à bord Defferson, sa femme, la petite Ellen, trois matelots, et deux gentilshommes déjà compromis dans la première insurrection.

L'un d'eux sauva la petite Ellen, mais la femme de Defferson et un matelot furent noyés.

Malgré son affreux désespoir, Albert accomplit jusqu'au bout la mission dont il s'était chargé.

Un de ses matelots, qui était du pays, fut envoyé à un petit port voisin, pour acheter à tout prix une barque de pêcheur qu'il devait ensuite conduire à un endroit désigné.

L'autre matelot resta dans les bois de C... avec la petite Ellen.

Quant à Defferson, qui connaissait parfaitement la contrée, il conduisit ses deux passagers à travers des périls de tous genres, jusqu'au château de B...

Après avoir ainsi rempli ses engagements, il revint à l'endroit désigné à ses matelots comme lieu de rendez-vous.

Le matelot auquel il avait laissé la garde d'Ellen s'était vu forcé de la quitter un instant pour aller chercher des provisions dans une ferme voisine. Comme il revenait pour prendre l'enfant, il fut aperçu par des gendarmes qui le poursuivirent vigoureusement.

Le pauvre diable ne connaissait pas le pays. Il ne tarda pas à s'égarer, et toutes les recherches que Defferson fit par la suite pour le retrouver restèrent inutiles. Il n'en entendit jamais parler. On croit qu'il gagna Saint-Malo, et que là il s'embarqua pour l'Amérique.

L'autre matelot attendait Albert avec une barque qu'il était parvenu à se procurer.

Le malheureux père, espérant toujours qu'on lui ramènerait son enfant, différa le plus longtemps possible le moment de son départ. Les gendarmes et les douaniers commençaient cependant à retrouver ses traces, et le danger croissait à chaque minute.

Force lui fut de mettre à la voile. A peine arrivé en Angleterre, il fut arrêté, un peu à cause de sa contrebande, et beaucoup par suite des démarches de sa famille. On lui laissa le choix entre son jugement dont l'issue ne pouvait être douteuse, et son départ pour l'Australie ou la nouvelle Zélande. Il partit pour ce dernier pays.

Les entreprises, les affaires et les accidents où le jetait sans cesse son caractère aventureux, l'empêchèrent durant plusieurs années de revenir en Angleterre.

A son retour, comme avant son départ, il écrivit en Bretagne pour tâcher d'obtenir quelques renseignements sur l'enfant qu'il avait perdue si malheureusement. Il ne reçut aucune réponse satisfaisante.

Les lettres que le procureur du roi avait écrites au sujet d'Ellen à la demande de l'aumônier et de mademoiselle Vialon, firent songer à celles de M. Defferson,

On transmit à ce dernier les renseignements qui faisaient supposer au parquet qu'Ellen était l'enfant pour laquelle il avait fait tant de recherches. Au lieu de répondre, il arriva lui-même, fit constater l'identité d'Ellen, la mit en chaise de poste malgré les supplications de la jeune fille et partit avec elle pour l'Angleterre.

— Il paraît qu'il jouit maintenant d'une certaine fortune, dit le procureur du roi en terminant. Du reste, voici son adresse.

M. de Landy remercia le magistrat de ses obligeantes communications, et courut chez le colonel afin de lui raconter son voyage et le prier d'obtenir un congé qui permît à Yvon de s'absenter jusqu'à son remplacement.

— Ah çà, mon cher ami, lui dit le colonel après avoir serré la main du jeune officier dont il aimait le caractère loyal et chaleureux ; que diable feriez-vous donc si vous étiez amoureux pour votre propre compte, vous qui vous mettez en quatre pour les amours des autres ?

— Je me mettrais en huit, répondit M. de Landy en riant. Tenez, mon colonel, depuis que j'ai contribué à sauver la vie de ce pauvre garçon si bon et si dévoué, c'est pour moi un point d'honneur de le rendre heureux. S'il ne parvenait pas à épouser cette Hélène dont il est amoureux fou, il me semblerait que mon œuvre est restée incomplète et que je n'ai rempli que la moitié de ma tâche.

— Ah ! commandant, dit le colonel, tout en signant les papiers que lui demandait M. de Landy, si la sagesse et l'économie étaient chez vous à la hauteur du cœur, quel militaire accompli vous feriez !

— Bah ! la perfection n'est pas de ce monde, fit le jeune officier ; je garde ces deux vertus-là pour l'avenir, afin de remplacer les autres qualités qui s'en vont, dit-on, en vieillissant. Il ne faut pas tout dépenser à la fois.

Le colonel se mit à rire et M. de Landy le quitta pour rejoindre Yvon.

Ce dernier l'attendait dans une impatience facile à comprendre. Il aurait voulu se mettre en route dès le soir même.

Ce ne fut pourtant qu'au bout d'une semaine que le commandant et lui purent se rendre à St-Malo, et de là à New-Garden, campagne qu'habitait M. Defferson aux environs de Douvres.

M. de Landy prit les devants, et, laissant Yvon à l'hôtel, il se rendit chez M. Defferson.

Il le trouva dans la désolation. Sa fille se mourait. L'intelligence d'Ellen semblait complétement revenue; mais, depuis que la jeune fille avait mis le pied sur le sol de l'Angleterre, il avait été impossible d'obtenir d'elle une seule parole. Elle ne répondait que par des signes, mangeait à peine et dépérissait chaque jour.

Lorsqu'elle aperçut M. de Landy, elle se leva toute droite sur la chaise longue qu'elle ne quittait plus, et resta debout, la respiration haletante, et les yeux fixés sur la figure du commandant.

— Yvon est sauvé, lui dit l'officier.

La pauvre enfant poussa un cri, joignit les mains comme pour remercier Dieu et tomba à la renverse.

Defferson et le commandant s'élancèrent pour la relever.

Ne pouvant résister à son impatience, Yvon avait suivi le commandant. Au cri d'Ellen, il entra comme un fou dans le salon, repoussa l'Anglais et M. de Landy, et saisit dans ses bras la pauvre enfant toujours évanouie.

Furieux de cette singulière manière de se présenter, Defferson s'apprêtait à malmener le chasseur. M. de Landy le retint en lui montrant Ellen qui commençait à reprendre ses sens.

Elle appuya ses deux mains sur l'épaule d'Yvon en se rejetant en arrière comme pour mieux le regarder. Puis, laissant retomber sa tête sur la poitrine du jeune homme, elle se mit à pleurer silencieusement.

On voyait les sanglots soulever sa poitrine et les larmes couler le long de ses joues ; mais ses lèvres ne laissaient échapper ni une plainte ni une parole.

Le médecin, qu'on avait envoyé chercher, arriva presqu'aussitôt. Il prit la main que la jeune fille lui abandonna sans résistance, et peut-être sans s'en apercevoir, et la garda quelques instants dans les siennes. Puis il la laissa retomber.

— Voulez-vous que nous allions faire un tour au jardin, dit-il à M. Defferson et au commandant qui épiaient tous deux avec anxiété chaque mouvement de la physionomie du docteur.

Les deux hommes le suivirent en silence.

— Eh bien ? demanda M. Defferson, dès qu'on eût refermé la porte du salon.

— Je n'ose encore vous répondre de rien, lui dit le médecin. Cependant, si, comme je l'espère, votre fille peut résister à la crise qu'elle vient d'éprouver, je la regarde comme sauvée.

Defferson poussa un cri de joie.

— Sauvez-la, dit-il au docteur, et demandez-moi ensuite tout ce que vous voudrez. C'est le portrait de ma pauvre Anna, et j'aime déjà cette malheureuse enfant comme si elle ne m'avait jamais quitté.

— Dans la circonstance actuelle, mon art est impuissant, répliqua le médecin, en secouant la tête. Mais, Dieu est bon, il aura pitié de votre fille et de vous.

Au bout de quelques minutes, et sur le conseil du médecin, M. de Landy remonta seul au salon. Il trouva les deux jeunes gens assis à côté l'un de l'autre et causant à voix basse. En voyant le commandant, Ellen se laissa glisser du canapé, et, tombant à genoux devant M. de Landy, elle saisit la main de l'officier et la porta à ses lèvres, malgré la résistance de ce dernier.

— Je prierai pour vous tous les jours de ma vie, lui dit-elle avec un accent si touchant, si pénétré, que M. de Landy se sentit bouleversé jusqu'au fond du cœur.

— Je voudrais pouvoir me faire tuer pour vous, mon

commandant, lui dit Yvon en serrant l'autre main de l'officier.

— J'en serais bien fâché, répondit M. de Landy qui essuyait en souriant ses yeux un peu humides. Il vaut bien mieux vivre pour ta femme, mon garçon.

Yvon poussa un gros soupir.

— M. Defferson ne voudra jamais pour gendre d'un pauvre garçon comme moi, dit-il tristement.

Le pauvre père écoutait derrière la porte.

Il entra vivement, suivi du docteur, et tendit la main à Yvon qui tremblait comme un enfant.

— Sauve ma fille, lui dit-il, et, devant Dieu, je te la promets pour femme!

Ellen se jeta dans les bras de son père et l'embrassa avec effusion.

— Maintenant, je réponds d'elle, dit tout bas le docteur à Defferson.

Au bout de huit jours, Ellen était complétement rétablie.

On pressa d'autant plus le mariage que le commandant, qui voulait y assister, avait hâte de repartir pour l'Afrique...

L'année dernière, M. de Landy, nommé colonel, était à Paris et faisait ses préparatifs de départ pour l'armée d'Orient.

Son domestique accourut lui annoncer qu'on venait de lui amener deux chevaux.

Le colonel, étonné, descendit dans la cour de l'hôtel

qu'il habitait, et vit deux chevaux d'un noir d'ébène, aux larges jarrets, à la tête fine, aux mouvements magnifiques. Chacun d'eux valait au moins de 4 à 5,000 fr.

Tandis que le colonel se demandait d'où pouvait lui venir ce superbe présent, une calèche s'arrêta devant le perron. Il en descendit une jeune femme, deux messieurs et trois enfants ravissants.

C'était Ellen, Yvon et leurs enfants, accompagnés de M. Defferson.

Le colonel n'eut plus besoin de se demander qui lui avait envoyé les chevaux.

Un changement extraordinaire s'était opéré chez Yvon. Le désir de se rendre digne d'Ellen, et de ne pas l'exposer à rougir de son mari, avait inspiré des résolutions héroïques au jeune Bas-Breton. Il savait maintenant lire et écrire, et son éducation, acquise par un long et pénible travail, le mettait à peu près au niveau des *gentlemen-farmers*, ses voisins.

M. Defferson paraissait enchanté de son gendre.

— Une tête de mule, disait-il à M. de Landy, mais quel brave garçon! Nous nous querellons tous les soirs, et nous ne pouvons nous passer l'un de l'autre. C'est le premier tireur de tout le Comté, et quand il tient un cheval entre ses jambes, colonel, il l'étoufferait plutôt que de ne pas le faire passer par où il veut.

Il était évident que ces deux supériorités d'Yvon flattaient beaucoup l'amour-propre du beau-père.

On causa longtemps de Pontivy, du bon aumônier,

de mademoiselle Vialon à laquelle Ellen écrivait souvent, et de la vieille Madeleine qui vivait encore.

— Mon mari et moi nous sommes allés l'année dernière passer huit jours à Pontivy, dit Ellen. Personne ne voulait nous reconnaître, et la vieille Madeleine s'écriait en me regardant : « Jésus, mon Dieu, est-il possible » que cette dame qui a une si belle toilette soit la petite » idiote du Gourio! »

Il eût été difficile en effet de se douter en regardant Ellen du triste état d'intelligence dans lequel s'était écoulée une partie de sa vie. Un peu de lenteur dans la manière de parler, quelque chose de mélancolique et de distrait dans le regard, voilà tout ce qu'aurait pu découvrir l'observateur le plus clairvoyant. Du reste, ces particularités ne faisaient qu'ajouter un nouveau charme à la personne de la jeune femme.

M. de Landy ne pouvait se lasser de la regarder, elle et ses trois enfants, dont l'aîné portait le prénom du colonel.

Le jour du départ de M. de Landy, Yvon alla le conduire jusqu'au chemin de fer. Le soir même, il repartit pour l'Angleterre avec toute sa famille.

A l'heure où j'écris ces lignes, il chasse probablement le renard ou la *grouse* en compagnie de son beau-père.

LA PENNÈRE

DE TRELEVERN

I

C'était en 1822. Gustave de Kermaës, alors sous-lieutenant au 8e régiment de hussards, se trouvait en garnison dans la ville de Tours. Le jeune officier, tout récemment sorti de l'école de Saumur, était un beau garçon de vingt ans, grand et mince, portant la tête haute, et arrêtant volontiers son regard sur les jolies femmes. Sous sa fine moustache noire, un sourire, à la fois spirituel et bienveillant, donnait un charme extrême à sa physionomie. Un peu étourdi et tant soit peu mauvaise tête, il rachetait ces petits défauts par un cœur excellent et une franchise toute bretonne.

Son régiment étant sur le point de changer de garnison, Gustave obtint un congé de trois mois, qu'il vint passer dans le département des Côtes-du-Nord, auprès de ses parents. Ceux-ci habitaient le vieux manoir de Kermaës, à trois lieues environ de Tréguier, en pleine Armorique, comme on voit. Le pays de Tréguier, qui forme une sorte de presqu'île sillonnée de nombreux cours d'eau, est un des cantons les plus pittoresques, les plus poétiques de notre vieille Bretagne. C'est aux cloarecs (élèves prêtres) de ce diocèse qu'on doit la plupart des ballades et des *sônes* qui se chantent encore aux veillées et sur les aires neuves.

Brisant ses flots contre la falaise, et toujours houleuse sur cette côte hérissée de rochers, la mer lance son écume argentée jusqu'aux murs du parc de Kermaës.

Trois personnes habitaient le château : le père et la mère de Gustave ; puis un oncle de madame de Kermaës, nommé M. Dumier. Cet oncle était un vieux garçon, gai et spirituel, mais frondeur, caustique et maniaque. Il passait sa vie à jardiner, ou bien à faire de la politique avec quelques voisins de campagne. Faute de mieux, quand il ne trouvait personne avec qui blâmer le gouvernement, il médisait un peu de son prochain, voire même si l'occasion s'en présentait, de sa propre famille. Au demeurant, bon diable et assez obligeant lorsqu'on savait le prendre à ses heures, et qu'on lui demandait de ces services qui ne dérangent en rien les habitudes.

Madame de Kermaës sortait peu. Ange de douceur et de piété, elle tenait fidèle compagnie à son mari, presque toujours cloué dans son fauteuil. Des rhumatismes et la croix de Saint-Louis, voilà tout ce que le digne châtelain avait retiré des guerres de la Vendée, qui lui avaient coûté la moitié de sa fortune.

A l'âge qu'avait Gustave, et avec un caractère aussi turbulent que le sien, on n'apprécie pas encore beaucoup les joies de la famille. D'un autre côté, les voisins étaient peu nombreux et très-éloignés. Aussi le jeune officier se serait-il trouvé fort embarrassé de l'emploi de ses journées s'il n'avait eu la chance de tomber à Kermaës cinq ou six jours avant l'ouverture de la chasse. Dès le lendemain de son arrivée, Gustave se mit à faire tous ses préparatifs de chasse, afin de tromper les ennuis de l'attente. Si le gibier des environs avait pu deviner ses projets destructeurs, la plume se fût hérissée sur le dos des perdrix, le lapin se fût cloîtré dans sa falaise, et plus d'un vieux *bouquin* eût déserté les genêts et les ajoncs voisins pour fuir dans les landes de Boloï ou dans les solitudes sauvages du Mené-Brès. Malheureusement pour le garde-manger du château, une occupation imprévue vint détourner le jeune Nemrod de ses idées meurtrières.

A une demi-lieue environ de Kermaës, et dans la commune de Trelevern, demeurait un honnête cultivateur nommé Guill (Guillaume) Cozic. Son habitation, qu'on appelait Kervohr, était située sur la route de Kermaës à Tréguier. Ses champs s'étendaient du côté de la mer, jusqu'à une épaisse *jonnée* (champs d'ajoncs épineux) attenant au petit bois de Ploumaria, qui borde une partie de la baie de Pommerec. Ce Cozic jouissait, disait-on, de mille à douze cents écus de rente. A cette époque, un tel revenu constituait une véritable fortune en Basse-Bretagne, et, bien qu'il eût trois enfants, ses deux filles passaient pour de riches *pennères* (héritières). Comme elles étaient, en outre, sages et jolies, les danseurs se pressaient autour d'elles à chaque *pardon*, et tous les jeunes gens de la paroisse choyaient à qui mieux mieux le cultivateur.

Quant au frère, Erouann (Yves) Cozic, c'était un gros garçon, taillé en Hercule et d'une force extraordinaire. Il passait pour le plus vigoureux *porte-bannière* du pays, et l'on ne connaissait guère de rival qui pût lutter avec lui aux pardons, pour *tirer le bois* ou pour faire sortir de l'ornière la brouette pesamment chargée. Moins heureusement doué sous le rapport de l'intelligence, Erouann s'était vu obligé d'interrompre de fort bonne heure des études dont il ne retirait aucun profit, et de revenir travailler aux champs avec son père.

Marianne, l'aînée des demoiselles Cozic, — on les appelait des demoiselles dans tout le canton, — était ce qu'on nomme, à la campagne, un *beau brin de fille*. Ses traits, un peu hâlés par le soleil et le grand air, manquaient peut-être de délicatesse et de distinction, mais sa figure avenante respirait la franchise et la bonté. On la citait comme le modèle des ménagères. Elle possédait surtout une supériorité incontestée pour la confection des crêpes, des flans d'œufs, des *pains de Savoie* et des petits *gâteaux à la fleur d'oranger.* — A la campagne ces talents-là sont fort prisés.

Durant la première semaine du séjour de Gustave à Kermaës, Marianne vint seule aux parties de pêche et de danse qui se faisaient dans le voisinage. Une indisposition retenait à Kervohr sa sœur Marie, plus jeune qu'elle de six ans, et dont la santé délicate inspirait souvent de vives inquiétudes à sa famille.

Dans certaines parties retirées de la Basse-Bretagne, loin des villes et des grandes routes, on conserve encore les mœurs patriarcales des aïeux. Plus dédaigneuse que partout ailleurs à l'égard des bourgeois enrichis, la noblesse des campagnes se montre, en revanche, affable et bonne envers les paysans. Elle s'intéresse à leurs joies, à leurs douleurs de famille, et se mêle volontiers à leurs divertissements. Sous les lambris sculptés de plus d'un vieux manoir armoricain, dont l'écusson brillait aux croisades, le cultivateur se voit accueilli avec une politesse, une cordialité qu'il ne rencontre pas toujours chez le plus infime fonctionnaire ou marchand de la ville voisine. Sûre d'être respectée parce qu'elle se respecte elle-même, la noblesse de nos campagnes n'a rien à redouter de cette familiarité, dont n'abusent ni le gentilhomme ni le paysan. Bien des causes, que nous n'avons point à détailler ici, tendent chaque jour à faire disparaître ces relations exceptionnelles : mais, en 1822, l'héritier des seigneurs de Kermaës pouvait fort bien s'associer aux fêtes et aux plaisirs des cultivateurs, sans que personne songeât à s'en étonner. Les châteaux étant fort éloignés les uns des autres, et les communications très-difficiles, chaque famille noble vivait dans sa paroisse, et n'en sortait guère que dans les grandes occasions, c'est-à-dire trois ou quatre fois par an. Il en résultait que les jeunes gens, avides en Bretagne, comme ailleurs, de plaisirs et de société, obéissaient à la fois à la coutume et à l'instinct naturel à leur âge, en se rendant ponctuellement aux *pardons*. Bien qu'on témoignât toujours une déférence marquée aux habitants du château, leur présence ne gênait en rien les amusements, dont ils prenaient si volontiers leur part.

Après deux ou trois rencontres, le jeune officier témoigna quelque attention à Marianne Cozic. De son côté, la pennère semblait accepter avec satisfaction le bras qu'il ne manquait jamais de lui offrir pour la reconduire à Kervohr. Soit condescendance pour M. de Kermaës, soit plutôt que la chose ne leur parût pas sérieuse, les amoureux de Marianne laissaient au jeune officier le champ libre auprès de leur belle, de leur *bonne amie*, comme on dit en Bretagne. Gustave commençait à déployer ses voiles sur le fleuve de Tendre, quand un nouvel incident vint faire dévier son esquif.

Le jour du pardon de Pengall, un dimanche, la famille Cozic fut invitée à dîner au château, avec quelques personnes des environs. Pour la première fois, Gustave aperçut Marie Cozic.

Toute pâle encore de sa récente indisposition, cette jeune fille offrait un type de beauté complétement opposé à celui de sa sœur. Marianne était une belle fermière, fraîche et alerte : Marie semblait une tête de Greuze, enfouie sous les larges dentelles de la coiffe bretonne. Mince, frêle et blanche, comme une jeune Anglaise, souple, mignonne et gracieuse comme une créole, d'un caractère très-impressionnable et d'une sensibilité presque maladive, Marie riait du moindre incident, de même qu'elle pleurait à la plus légère contrariété. Ce qui frappait surtout en elle, outre sa ravissante figure, c'était une spontanéité d'émotion, une adorable naïveté de gestes et de paroles, qui ne pouvaient s'expliquer que par le calme de sa vie retirée et par sa complète ignorance du monde. Bien qu'il n'y eût aucune comparaison possible entre les deux sœurs, les robustes attraits de l'aînée étaient beaucoup plus appréciés par les jeunes gens du pays, que la mignonne beauté de Marie. La frêle santé de celle-ci paraissait d'ailleurs un grand inconvénient à la plupart des épouseurs, gens fort positifs en tous lieux et surtout en Basse-Bretagne.

Si la cour de Marie était moins nombreuse que celle de sa sœur, elle comptait en revanche un adorateur qui valait à lui seul tout un escadron d'amoureux, par son zèle, sa persistance et sa soumission absolue aux volontés souvent capricieuses de la jolie héritière.

Il portait le beau nom de Sidoine Pâturon, et devait le

jour à une famille d'origine picarde. Maître à vingt-neuf ans de trois à quatre mille francs de rente au soleil, il passait naturellement pour un des plus beaux partis du pays. Le drôle était laid comme une chenille, peureux comme une chouette, curieux comme un singe, bavard comme une pie et bête comme une oie. Néanmoins, sa sottise ne l'empêchait pas d'entendre fort bien ses intérêts, de mener parfaitement ses affaires, et d'être en outre la plus mauvaise langue de tout le canton.

M. Dumier, l'oncle de Gustave, s'était coiffé du Pâturon, qui flattait ses manies, et l'amusait en lui racontant la petite chronique scandaleuse du canton. Il l'invitait de temps en temps à venir dîner au château de Kermaës. En revanche, la physionomie sournoise et mielleuse de maître Sidoine avait inspiré, dès le premier jour, une sorte de répulsion instinctive au jeune hussard. Cette antipathie s'accrut encore lorsque Gustave vit arriver au château Pâturon donnant le bras à la plus jeune des demoiselles Cozic.

Tout fier de servir d'appui à la faiblesse de sa charmante compagne, Pâturon marchait à pas comptés, le nez au vent, et la tête emprisonnée dans un immense col de chemise qui lui guillotinait les oreilles. A les voir s'avancer ainsi, Marie et lui, elle, si gracieuse, lui si roide et si gourmé, on eût dit une jeune vigne avec son échalas. Sans trop savoir pourquoi, Gustave se prit à détester Pâturon. Quant à la jeune fille, elle accueillait les assiduités de son adorateur d'un air fort insouciant. Cette indifférence causait un certain plaisir à Gustave. Il ne pouvait cependant s'empêcher d'éprouver un moment d'humeur chaque fois que Marie arrivait au château accompagnée de Pâturon. Il eût donné tout au monde pour trouver un prétexte honnête de chercher querelle à ce dernier. L'humeur pacifique et le caractère mielleux du Picard rendaient la chose difficile ; mais, avec de la patience, on arrive à tout.

Un jour, voulant faire de l'esprit pour amuser M. Dumier, Pâturon s'avisa de plaisanter Marianne au sujet de M. de Kermaës. La famille Cozic, Pâturon, Gustave, Dumier et plusieurs autres personnes se trouvaient ce jour-là réunis chez l'adjoint de Louannec, qui fêtait à son tour le pardon de sa commune. Gustave n'eut garde de manquer une si belle occasion de donner un libre cours à la mauvaise humeur qu'il couvait depuis longtemps. L'intervention de M. Dumier l'empêcha seule d'aller aussi loin qu'il espérait, et de corriger vertement Pâturon. Celui-ci, tout effrayé, entama une interminable justification. Il courut faire mille excuses à Marianne, et revint combler Gustave de tant de protestations d'innocence, de dévouement et d'amitié, que le bouillant officier dut renoncer à lui chercher querelle, du moins pour le moment,

— Parbleu ! dit le jeune Kermaës à Marianne, près de laquelle il était placé à dîner, puisqu'on ne m'a pas laissé donner à cet imbécile la leçon qu'il méritait, je vais le punir d'une autre manière. Il paraît fort épris..., fort jaloux de mademoiselle votre sœur. A partir d'aujourd'hui, je m'établis, bon gré, mal gré, le cavalier de mademoiselle Marie, et je n'abandonnerai mon poste que lorsque Pâturon aura demandé grâce et merci.

II

Ce genre de vengeance ne parut sourire que très-médiocrement à sa voisine. Elle lui prêcha, en bonne chrétienne, le pardon des injures; mais ses exhortations ne purent désarmer le courroux de Gustave. En sortant de table, il mit son projet à exécution. Il commença par offrir le bras à Marie pour se promener dans les jardins. Puis, il dansa plusieurs fois avec elle, et ne la quitta presque pas de toute la soirée.

Enfin, lorsqu'il fallut se séparer, Gustave se constitua de nouveau le serviteur de Marie pour la reconduire à Kervohr. Ce fut un désespoir pour maître Sidoine, qui s'était fait une douce habitude de ce privilége. N'ayant personne à qui donner le bras, assez mal accueilli en outre quand il cherchait à se mettre en tiers auprès de quelque autre couple, il allait de l'un à l'autre la tête basse et l'air piteux comme un carlin égaré. Gustave le fit remarquer à Marie. Loin de s'attendrir sur les infortunes de son adorateur, la petite ingrate ne fit que rire de sa mine éplorée, et ne parut nullement disposée à quitter le bras de l'officier, pour aller consoler le malheureux Pâturon.

Une partie de pêche, qu'on organisa peu de temps après pour la grande marée, permit à Gustave de poursuivre une vendetta qui lui offrait tant de charme.

Il avait été convenu qu'on commencerait par suivre le *bas de l'eau* et qu'on reviendrait *seiner* dans quelques grandes flaques ou réservoirs naturels, profondément creusés dans le sable et communiquant avec les filières. Des *trois-mailles*, placés d'avance aux issues de ces mares d'eau salée, devaient arrêter le poisson au passage et l'empêcher de suivre le mouvement rétrograde de la mer.

Dans les grandes marées, le flot, qui s'avance sur le rivage au delà de ses limites habituelles, se retire aussi à une bien plus grande distance, et laisse à découvert des portions de grèves ensevelies sous les eaux tout le reste de l'année. Ce sont les moments les plus favorables pour se livrer à la pêche dite du *bas de l'eau*, qui consiste à suivre la marée descendante, en cherchant sur la grève les poissons surpris par la brusque retraite de l'élément qui les protégeait.

Chaque pêcheur s'arme en cette occasion, suivant les ressources de son arsenal, l'un d'une *foëne*, petite fourche en fer à deux branches, l'autre d'un simple pieu aiguisé par le bout et passé au feu pour le durcir. Ces instruments sont employés à *piquer* les soles, les plies, les barbues, et autres petits poissons plats. Tel pêcheur porte une espèce de pince destinée à retirer de son trou le homard blotti sous les rochers ; tel autre, nouvel Hercule, marche armé en guise de massue d'un bâton de houx, dont il se sert pour assommer les *roussettes*, ou chiens de mer, qui sont restés à rôder imprudemment dans les filières. D'autres sont chargés de *havenets* (ou *havenots*), longues poches en filet, maintenues à l'ouverture par un cercle de fer ou de bois emmanché d'une gaule. C'est avec cet instrument qu'on prend les *chevrettes* (crevettes). Enfin, quelques pêcheurs de circonstance ont tout bonnement dans leur poche une simple fourchette en fer. Secondés par les porteurs de leviers qui soulèvent les grosses pierres, ils livrent une guerre acharnée aux anguilles avec l'arme pacifique qui leur servira un instant après à retourner leurs prisonnières sur des charbons ardents pour les dévorer sans pitié.

Comme toute expédition bien organisée, cette armée de pêcheurs avait son corps de réserve, composé des vétérans, des éclopés et des paresseux. Assis à l'abri de la falaise, sur des tas de goëmon (*varech*) desséché, les vieillards causaient tranquillement en regardant les évolutions de la jeunesse dispersée dans le lointain. Quant aux paresseux, qui ne s'étaient pas senti le courage de faire une ou deux lieues sur la grève, on leur avait indiqué un endroit où ils devaient trouver des *lançons* (petits poissons de la forme des anchois). Ils creusaient de longs sillons dans le sable mouillé, soit avec un bâton ferré, soit simplement avec un couteau; puis, dès que le *lançon* paraissait en frétillant dans ces rigoles improvisées, une main rapide l'envoyait continuer ses évolutions au fond du panier que chaque pêcheur portait au bras.

Pendant ce temps, la joyeuse et bruyante cohorte du bas de l'eau, divisée par petits groupes de deux ou trois personnes, poursuivait en riant, et les pieds nus, la mer qui battait en retraite. La colonne d'invasion conservait assez mal son alignement. De temps en temps, quelque éclaireur trop aventureux se voyait subitement assailli par une vague à la frange d'écume qui semblait couvrir la retraite de ses compagnes, en exécutant une charge désespérée contre l'avant-garde ennemie. La victime de ce retour imprévu ralliait à la hâte le corps de bataille en secouant ses vêtements inondés. C'était alors des éclats de rire, de joyeux défis et des plaisanteries, auxquelles la riposte ne se faisait guère attendre.

Quand on eut poussé l'excursion jusqu'aux limites fixées par la prudence et suffisamment ravagé le territoire ennemi, le butin fut réuni dans des hottes que portaient les plus vigoureux de la bande. Chacun criait déjà famine et menaçait le dîner d'une rude attaque. On s'en revint bras dessus bras dessous en chantant des rondes et de vieux noëls bretons.

Malheureusement les provisions n'étaient pas déballées lorsqu'on rejoignit la réserve. Pour ne pas perdre de temps, quelques jeunes gens *donnèrent un coup de seine* dans la flaque d'eau la plus voisine. Pendant ce temps, les autres vidaient les mannequins, et disposaient sur l'herbe les viandes froides, les gâteaux, les fruits, les bouteilles de cidre et de vin. Les cordons-bleus de la troupe préparaient une partie de la pêche sur un feu d'ajoncs et de broussailles, protégé contre le vent par un rempart de galets.

Quoique remise depuis bien peu de temps de sa maladie, Marie supportait vaillamment les fatigues de cette expédition. Ses pieds, d'une forme charmante, d'une blancheur mate que sillonnaient des veines azurées et que l'âcreté pénétrante de la mer nuançait d'une teinte rose, glissaient sur le sable sans y laisser de traces. Elle s'appuyait sur une petite *foëne* très-légère, apportée exprès pour elle du château. Gustave s'était chargé de son *havenet* et de son panier. Quand on arrivait à des endroits rocailleux, dont les aspérités la faisaient chanceler, Marie accourait d'elle-même prendre le bras de Gustave. Elle applaudissait par ses cris de joie à la capture de chaque beau poisson. Se tenant presque toujours un peu à l'écart de leurs compagnons, nos deux jeunes gens avaient associé leur fortune. Ils jetaient leur butin dans le même panier. Sidoine Pâturon essaya pourtant plusieurs fois de se joindre à eux. Ils auraient eu beaucoup de peine à s'en débarrasser, si le hasard n'était venu à leur secours. Dans son maladroit empressement à s'emparer d'un congre ou anguille de mer qu'il avait vu se glisser sous une roche, l'importun personnage eut le malheur de fourrer la main dans le trou d'un superbe homard. Indigné de cette violation de domicile, le crustacé saisit entre ses formidables pinces la main téméraire qui l'arrachait à ses méditations. Maître Pâturon, pris au trébuchet, se mit à pousser des cris de détresse. On se rassembla autour de lui. Tandis que chacun accablait de railleries la malheureuse victime de cet accident, Marie et Gustave s'éloignèrent du groupe des curieux. Cette fois, Pâturon, humilié de sa mésaventure, les laissa enfin tranquilles.

Chaque division de pêcheurs mettant un certain amour-propre à l'emporter sur les autres par le nombre de ses prisonniers, ce fut une grande joie pour Marie et pour le jeune officier de constater le magnifique résultat de leurs opérations. Marie battait des mains comme un enfant chaque fois qu'on retirait un beau poisson de la hotte de Gustave, et M. de Kermaës n'était guère plus raisonnable que sa charmante associée. Les grands yeux bleus de la jeune fille, animés par le plaisir autant que par l'air vif et pénétrant de la mer, étincelaient de gaîté. Deux ou trois boucles de cheveux s'échappaient en désordre de sa petite coiffe, dont les dentelles, tourmentées par la brise, frissonnaient comme le duvet d'un cygne sur ses joues fraîches et rosées.

Un instant avant le dîner, Gustave fut obligé de la quitter pour aller donner un coup de main aux *seineurs*, et les aider à tirer sur le rivage le pesant filet dont ils s'étaient servis. Dès qu'on put se passer de son concours, il se hâta de revenir auprès de Marie. A sa grande surprise, les dispositions de la jeune fille parurent complétement changées. Elle le reçut d'un air assez froid et lui répondit à peine. Puis, prenant d'elle-même le bras de Pâturon, ébahi de ce retour de fortune, elle s'éloigna, laissant Gustave stupéfait de ce revirement qui lui paraissait inexplicable.

Dans son dépit, il n'essaya pas de la suivre. Il resta à sécher les filets avec le fils Cozic et deux ou trois autres *sauvages* de la bande. Malgré l'attention qu'il paraissait apporter à cette grave occupation, ses yeux quittaient bien souvent les *plombs* et les *flottes* pour se diriger vers Marie.

Pendant quelque temps, il la vit rire et causer joyeusement avec son cavalier. Peu à peu cependant, la gaîté de la jeune fille sembla s'évanouir. Gustave crut même, deux ou trois fois, surprendre les regards de Marie tournés de son côté; mais elle détournait précipitamment les yeux dès qu'il levait la tête.

Les filets ayant été convenablement étendus sur le sable, Gustave rejoignit le reste de la compagnie. On se mit à table à l'ombre de quelques arbres verts dans un champ voisin du rivage où l'herbe servait à la fois de nappe, de table et de banc. Quelqu'un eut la lumineuse idée d'improviser un siége plus commode avec deux larges galets posés l'un sur l'autre. Son exemple trouva bientôt de nombreux imitateurs. Pâturon lui-même, qui se disposait à s'asseoir près de Marie, quitta un instant sa *bonne amie* pour aller lui chercher un *coussin* de pierre. Dans l'espoir de prévenir son rival, Gustave redescendait précipitamment la falaise par un autre sentier, quand il rencontra un jeune écolier qui remontait courbé sous le poids d'un superbe galet. L'enfant s'empressa de l'offrir à M. de Kermaës avec la joie qu'à cet âge on éprouve à se rendre utile. Gustave revint bien vite présenter sa facile conquête à Marie, et s'assit à côté de la jeune fille, qui se trouva ainsi placée entre M. Dumier et lui. Elle le remercia d'un air contraint, puis elle continua sa conversation avec M. Dumier, ne paraissant faire aucune attention à la présence de Gustave, ni au dépit que causait à M. de Kermaës cet accueil singulier. Cependant, elle ne put s'empêcher de regarder Gustave en dessous et de sourire malgré elle lorsque Pâturon arriva, tout essouflé, portant triomphalement un galet monumental, digne de servir d'enclume au maréchal-ferrant de Trelevern. En s'apercevant qu'il avait été prévenu, le pauvre Picard s'arrêta et laissa tristement tomber son pesant fardeau. Son désappointement se traduisit sur sa laide physionomie par une grimace si expressive que tout le monde se mit à rire. Il errait piteusement autour de la table, quand Marie lui fit signe de venir s'asseoir entre elle et M. Dumier, qui s'était hâté de faire une petite place à son ami Pâturon.

Gustave donna intérieurement son oncle à tous les

diables. Piqué de l'attention de Marie pour son rival, il ne put s'empêcher de dire à demi-voix à la jeune fille :

— Si j'avais su, mademoiselle, que vous teniez tant à jouir du voisinage de M. Pâturon, je lui aurais offert ma place.

Elle ne fit pas semblant de l'entendre ; mais il revint à la charge par une observation du même genre.

— Je ne vois pas, dit-elle enfin, pourquoi je vous aiderais à tourmenter ce pauvre garçon, contre lequel, *moi*, je n'ai aucune vengeance à exercer.

— Ah ! s'écria-t-il, mademoiselle Marianne m'a trahi !

— Marianne m'a tout raconté, M. de Kermaës, dit Marie, en le regardant d'un air à la fois triste et moqueur.

— Oui... tout ce qu'elle savait..

— Eh bien ?...

— Je n'avais eu garde de lui avouer le véritable motif de mon aversion pour ce grand nigaud au nez rouge qui se bourre de gâteaux en ce moment comme s'il était à jeun depuis quinze jours, répondit Gustave, qui, nous devons l'avouer, avait rapporté du régiment certaines locutions plus énergiques et plus pittoresques que bien choisies.

— Taisez-vous donc ; s'il vous entendait !...

— Bah ! tant mieux !... Si vous saviez comme il me déplaît !...

— Pourquoi donc ?

— D'abord, il est fort laid.

— En quoi cela vous regarde-t-il ?

— Fort sot.

— Qui vous force à causer avec lui ?

— Puis, je lui en veux surtout parce qu'il ne vous quitte pas un instant... Jamais guérite à la porte d'un fonctionnaire n'a été plus immobile à son poste que cet ennuyeux personnage ne l'est auprès de vous.

— Quelle idée !...

— C'est au point que les premiers jours que j'ai eu le plaisir de vous voir, il m'a été impossible de m'approcher de vous une seule minute.

Marie fit une petite moue qui ne prouvait pas précisément qu'elle fût convaincue.

— Enfin, mon plus grand grief contre lui, ajouta Gustave, le seul véritable peut-être, c'est qu'il se permet de vous faire la cour.

— Eh bien ! qu'est-ce que cela peut vous faire à vous, M. de Kermaës ? dit Marie en le regardant fixement.

La naïveté d'une femme vous déconcerte souvent bien plus que sa coquetterie ; aussi Gustave n'osa-t-il pas faire à cette question la réponse si naturelle qu'il avait pourtant sur les lèvres. Tandis qu'il entortillait sa pensée dans une foule de périphrases plus ou moins spirituelles, Marie souriait malignement de sa pâteuse éloquence, tout en mordillant une poire à demi mûre, qu'on entendait craquer sous ses jolies dents. Gustave saisit cette occasion de sortir honorablement d'embarras, et offrit à mademoiselle Cozic le plus beau fruit qu'il put trouver dans les paniers.

— Eh bien ! eh bien ! à quoi pensez-vous donc? s'écria-t-elle en le voyant attaquer le fruit qu'il venait de lui retirer... cette poire ne vaut rien.

Pour toute réponse, il lui montra l'empreinte que les dents de la jeune fille avaient laissée sur un des côtés de la poire, et porta cette empreinte à ses lèvres.

Marie devint très-rouge, et se détourna avec un petit mouvement d'impatienee qui lui était familier.

— On vous a vu, dit-elle d'un ton de reproche, en désignant du regard Sidoine Pâturon.

Le drôle les épiait sournoisement, et le geste de Gustave ne lui avait pas échappé.

— Ma foi, vous avez raison, mademoiselle, s'écria l'officier à voix haute , cette poire ne vaut pas le diable.

Et Gustave lança par-dessus son épaule une autre poire, qui eût été digne, par sa dureté, de figurer parmi les pétrifications d'un minéralogiste.

Dupe de cet escamotage, Pâturon suivit d'un œil furtif la course vagabonde du fruit méprisé. Une minute après, il se leva sous prétexte d'aller chercher du vin. M. de Kermaës le vit bientôt revenir sur la pointe du pied, la main cachée dans la poche de son habit, l'air mystérieux et rayonnant.

— La chasse à la poire a été heureuse, dit Gustave à mademoiselle Cozic qui regardait toutes ces évolutions avec une certaine curiosité..., mais Pâturon a pris le change, ajouta-t-il plus bas, en montrant en même temps à sa jolie voisine le fruit qu'il avait conservé, et sur lequel il appuya de nouveau les lèvres à l'endroit que celles de Marie avaient touché.

Comme mademoiselle Cozic se détournait pour cacher le sourire involontaire que lui arrachait cette espièglerie d'écolier, son regard rencontra la figure épanouie de Pâturon. Le scélérat accompagnait d'une œillade assassine chaque coup de dent qu'il décochait à sa récalcitrante conquête, dont il persistait héroïquement à vouloir détacher quelques morceaux. Il avait si bien l'air d'un babouin épluchant une noix verte, que Marie et Gustave ne purent retenir un fou rire, qui finit par attirer l'attention de leurs voisins.

— Qu'avez-vous donc à rire ainsi tous les deux? demanda Marianne en se penchant pour parler à sa sœur.

Gustave répondit à la place de Marie par quelque plaisanterie, et, comme on se levait de table en ce moment, il ne fut plus question de l'incident. Marianne, seule, se doutant de quelque chose, revint à la charge. Elle s'approcha de sa sœur pour lui demander ce qui s'était passé. Marie lui raconta ce qui concernait personnellement Pâturon, mais elle garda le silence sur tout le reste.

Grâce à la mauvaise humeur du Picard, Gustave resta toute la soirée paisible possesseur du bras de mademoiselle Cozic, dont il devint, à partir de ce jour, le cavalier fidèle et attentif. Elle feignit encore quelque temps de croire qu'elle n'était pour lui qu'un instrument de vengeance contre Pâturon ; mais il lui fallut bien, à la longue, renoncer à ce prétexte de taquiner Gustave, et de tourner en plaisanterie tout ce qu'il lui disait.

Marie était une vraie fleur des champs ; simple et naïve, elle se laissait aller au penchant de son cœur, et ne cherchait même pas à dissimuler le plaisir qu'elle éprouvait à voir M. de Kermaës. Grâce à elle, celui-ci était presque toujours informé à l'avance de tous les projets de visite et de promenade de la charmante jeune fille, qui le secondait gaîment dans les mille petites ruses qu'emploient les amoureux pour se trouver ensemble. De son côté, il ne s'occupait que d'elle et profitait avec empressement de toutes les occasions de la rencontrer.

Les deux premières semaines de leurs amours passèrent comme un songe. Pauvre Marie, elle était si gaie, si rieuse alors ! Comme une rose aux rayons du soleil, son cœur semblait s'épanouir, et sa santé renaître à la chaleur d'un sentiment inconnu. Un incarnat plus vif nuançait son teint délicat. Elle reprit en quelques jours la force qu'elle avait perdue pendant sa longue indisposition.

Un soir que Gustave avait soupé avec elle, sa sœur et son frère, chez le père d'un des prétendants à la main de Marianne, Kermaës et le fils de la maison reconduisirent les demoiselles Cozic jusqu'à Kervohr. Il était déjà fort tard, et l'on avait une demi-lieue environ à faire à travers champs. Cela paraîtra sans doute singulier à bien des personnes : mais, au fond de nos campagnes, les choses se passent ainsi, et nul n'y voit à redire.

Marianne marchait devant son frère Erouann et Pierre Le Morzec, entre lesquels Gustave avait réussi à établir une chaude discussion au sujet de la coupe du goëmon. Malgré plusieurs injonctions de la sœur aînée, qui n'aimait guère à laisser Marie et Gustave à l'arrière-garde, ceux-ci étaient parvenus à rester un peu derrière les autres. Ils marchaient lentement...., elle, toute pensive, lui, heureux d'être près d'elle et de serrer contre son cœur le bras de la jeune fille.

Autant la journée avait été brûlante, autant la soirée était douce et fraîche. La lune, se levant à l'horizon, éclairait de ses pâles rayons la voûte azurée du ciel, et jetait une lueur indécise sur les champs qui semblaient couverts d'un voile de gaze aux reflets argentés. Des milliers d'étoiles scintillaient au ciel, et le souffle insensible d'une faible brise apportait de tous côtés les émanations des fleurs et les parfums sans nom de la terre. Tout se taisait autour des deux amants. On entendait seulement dans le lointain le bruit sourd des lames déferlant sur la grève. D'indicibles et enivrantes rêveries ouvraient aux pensées un magique horizon. L'air même qu'on respirait semblait empreint d'une mystérieuse tendresse.

Au détour d'un de ces *échaliers* si communs en Bretagne, Gustave et Marie s'aperçurent que leurs compagnons de route avaient déjà traversé le champ et franchi le talus opposé que surmontaient d'immenses ajoncs. Ils étaient seuls.... Par un mouvement sympathique, leurs yeux humides confondirent leurs regards. Une sensation brûlante parcourut comme un frisson les veines de Gustave. Il sentit le bras de Marie trembler sur le sien. Une puissante émotion agitait le petit fichu de la jeune fille, et précipitait les battements de son cœur.

— Marie, Marie..., m'aimes-tu?... dit-il enfin d'une voix émue.

Et, les yeux fixés avec ivresse sur les grands yeux bleus de la jeune fille, il glissait son bras autour de la taille de sa charmante compagne.

— Marie, je t'en conjure, dis, m'aimes-tu?... reprit-il d'un ton suppliant, en voyant qu'elle ne répondait pas, et voilait son regard sous les franges de ses longs cils abaissés.

— Oh oui!... oui, soupira-t-elle enfin, bien bas, bien bas, et comme malgré elle, avec une ineffable expression de tendresse.

Puis, sa petite main pressa celle de l'officier. Ivre de joie, il serra Marie contre sa poitrine, en lui prodiguant les plus tendres paroles, et ses lèvres frémissantes se posèrent sur celles de la jeune fille. La pauvre enfant, trop frêle et trop nerveuse pour résister à cette émotion enivrante, se laissa aller dans les bras de Gustave, la tête renversée en arrière et les joues décolorée. Elle fut sur le point de perdre complétement connaissance. La voix du frère de Marie réveilla tout à coup les deux jeunes gens, et vint les rappeler à eux-mêmes...

Inquiète de leur retard, Marianne avait envoyé Erouann au-devant d'eux. Il les *hêlait* à tue-tête de l'autre extrémité du champ. Malgré l'obscurité, tout autre qu'Erouann se fût certainement aperçu de leur trouble; mais le brave garçon ne brillait point par sa pénétration. Il se contenta de les plaisanter sur leur lenteur. Cette fois, Marianne, qui les attendait un peu plus loin, les fit passer devant elle, et se tint si bien sur leurs talons, que, malgré toute la diplomatie de Gustave, il lui fut impossible de reprendre le doux entretien qu'Erouann était venu interrompre si mal à propos.

Une ou deux fois seulement, Gustave put presser furtivement le bout des jolis doigts de Marie. Lorsqu'ils arrivèrent à Kervohr, leurs mains comme leurs regards échangèrent un long et tendre adieu.

III

Dans les grandes villes, des facilités de tout genre favorisent les amours à leur naissance. Les visites, les bals, les concerts, les promenades, les spectacles et les soirées offrent continuellement aux amoureux le moyen, sinon de se parler, du moins de se voir. Or, le langage des yeux ne manque ni d'éloquence ni de douceur.

A la campagne, les pauvres amants ne jouissent d'aucune de ces ressources. Séparés la plupart du temps par de longues distances, ils ont fort peu d'occasions de se rencontrer. Rien que pour s'absenter le dimanche, afin d'aller contempler de loin celle qu'on aime, il faut souvent un échafaudage incroyable de ruses et de petits mensonges. Il y a bien, par-ci par-là, une partie de pêche ou de chasse, un dîner, une veillée, une noce; mais ces réunions fortuites sont tellement disséminées sur les trois cent soixante-cinq jours de l'année, qu'à moins de loger porte à porte, on ne se voit que fort rarement.

Plusieurs jours se passèrent sans que Gustave pût revoir mademoiselle Cozic. Une visite qu'il fit à Kervohr n'eut d'autre résultat que de lui procurer un tête-

-à-tête avec Erouann Cozic, qui lui apprit que ses sœurs étaient allées passer la journée à Tréguier. Erouann était peu amusant, mais il était le frère de Marie ; aussi Gustave resta-t-il plus d'une heure à causer avec lui, et ne s'ennuya-t-il nullement. Il était chez Marie, et parlait d'elle. En pareille circonstance, un amoureux peut s'impatienter, mais il ne s'ennuie jamais.

Quelques jours après, Fanche Lebras, ancien fermier des Kermaës, vint inviter Gustave au mariage de sa fille Yvonne. Bien certain de rencontrer à la noce les demoiselles Cozic, Gustave n'eut garde de refuser l'honnête cultivateur.

Le fameux festin de Gamache pourrait seul donner une idée de ce que sont les noces des cultivateurs aisés dans certaines parties de la Basse-Bretagne. Fanche Lebras passait pour un des richards de Trelevern, et sa fille unique, la grosse Yvonne, épousait un jeune cultivateur de Plougrescant, qui jouissait aussi de quelque fortune. Longtemps à l'avance, toutes les amies d'Yvonne avaient été convoquées pour la seconder dans ses immenses préparatifs. On avait en outre enrôlé toutes les cuisinières des environs. Celle de Kermaës, le cordon-bleu du pays, était allée offrir ses services de la part de madame de Kermaës, qui savait tout le plaisir que cette petite attention causerait à son ancien métayer. On comprendra facilement, du reste, quel personnel il fallait pour veiller aux fourneaux, quand on saura que le nombre des invités montait à plus de trois cents, et que les provisions auraient amplement suffi pour en défrayer le double.

On avait mis en perce cinq ou six pièces de cidre, trois barriques de vin de Bordeaux et un petit baril d'eau-de-vie. Cent ou cent cinquante bouteilles de vin de Malaga (fabriqué à Morlaix), le *vin d'extra* de l'hospitalité bretonne, étaient alignés en bataille, comme des grenadiers de la vieille garde. Entassées en pyramides, les crêpes, les biscuits et les macarons se comptaient par centaines. Plusieurs *gâteaux de Savoie* gigantesques faisaient vis-à-vis à pareil nombre de nougats de dimensions colossales. Une vingtaine au moins de dindons, flanqués de trois fois autant de poulets et de canards, se prélassaient sur les tables, en compagnie de longes de veau, de gigots de mouton, de *flans d'œufs* et d'immenses saladiers de *crème aigre* ou de *lait tourné*. Enfin, toute la matinée, on avait confectionné, dans de grandes marmites, du chocolat et du café, qui auraient pu, j'en conviens, être préparés d'une manière plus délicate, mais qu'il eût certainement été difficile de servir avec plus d'abondance et de cordialité. Tout était à l'avenant.

Suivant l'usage, la desserte, renforcée de quelques pièces de bœuf et de lard, devait d'abord servir à l'alimentation des nombreux domestiques. On distribuait ensuite les restes, encore très-présentables de ce second festin, aux mendiants accourus de sept ou huit lieues à la ronde. Chacun de ces mendiants recevait en outre deux écuellées de cidre et une pièce de deux sous.

Tous ces détails, toutes ces observations de mœurs ne préoccupaient que fort peu M. de Kermaës. Il ne les envisageait que sous un seul point de vue, l'occasion de passer quelque temps auprès de Marie. Le jeune hussard avait mis le comble à la satisfaction d'Yvonne et de son fiancé en acceptant les fonctions de garçon d'honneur ainsi qu'en leur promettant de figurer à la cérémonie en grand uniforme. Il fut amplement récompensé de ce que le vieux serviteur de sa famille regardait comme une faveur insigne, car on lui donna pour fille d'honneur la seconde des demoiselles Cozic. Il aurait volontiers embrassé la grosse Yvonne lorsqu'elle lui annonça cette bonne nouvelle, en ajoutant d'un air malin :

— Eh bien ! notre maître, vous ne serez pas trop mal partagé, hein ?... J'espère que vous ne vous plaindrez pas de moi ?

Gustave ne répondit qu'en lui appliquant sur l'épaule une tape qui aurait renversé une Parisienne et que la jeune fille, enchantée, reçut comme une gracieuse marque de satisfaction.

Enfin le grand jour arriva.

Marie, jolie comme un ange et radieuse de plaisir, donnait le bras à Gustave, et regardait de tous ses yeux le brillant uniforme que portait l'officier et qui excitait l'admiration de la commune entière. Les mendiants, accroupis sous le porche de l'église pour attendre le passage du cortége, appelaient Gustave mon colonel ou mon général. Toute fière de l'effet que produisait son cavalier, la petite coquette se penchait sur son bras, plus tendrement encore que de coutume, en lui racontant les remarques de ses amies sur le costume et la personne du garçon d'honneur.

— L'uniforme, disait-elle, obtient des éloges... sans restriction.

— Et la personne?

— Mais ces demoiselles la trouvent aussi... assez bien... Seulement...

— Eh bien?

— Eh bien! ce n'est pas tout à fait comme pour l'uniforme... il y a des restrictions.

— Diable! fit Gustave avec une certaine inquiétude... qu'est-ce donc?

— On trouve que vous êtes trop mince et trop pâle, dit-elle en riant.

En Basse-Bretagne, en effet, une taille élevée, une large carrure et un teint florissant, sont les qualités constitutives du bel homme. Or, Gustave n'avait que le premier de ces avantages.

— Voilà qui rabat votre orgueil, monsieur l'officier, reprit malicieusement la jeune fille... Je parie que vous êtes furieux de l'observation de mes amies?

— Ma foi, non! dit-il en riant; cela m'est bien égal. Mais vous, Marie, êtes-vous aussi de leur avis?

— Moi... je ne sais pas, vraiment... je n'y ai jamais

pensé... D'ailleurs, cela serait, que je ne m'en apercevrais peut-être pas... maintenant.

— Pourquoi donc ?

— Parce que... dit-elle d'un air pensif.

— Eh bien ?

— Parce que... enfin... parce que !... reprit-elle en prenant tout à coup un petit ton mutin et sans achever sa phrase.

Puis elle se mit brusquement à reprocher à Gustave d'avoir accroché sa robe avec ses éperons, ce qui était complétement faux. Un instant après, elle l'attaqua de nouveau sous quelque prétexte aussi injuste. Elle le taquina ainsi toute la matinée. Quand elle croyait avoir réussi à l'impatienter, elle se mettait à rire, et, les deux mains croisées sur le bras de Gustave, elle se penchait en avant pour regarder M. de Kermaës en face, afin de voir, disait-elle, s'il *était bien en colère.*

Au moment de partir pour l'église, les dispositions de Marie changèrent subitement. Elle devint tout à coup aussi pensive, aussi taciturne, qu'elle avait été folle et rieuse jusque là. Pendant tout le temps que dura la messe, elle parut vivement émue... Plusieurs fois même, surtout pendant le petit discours du recteur (curé), Gustave surprit des larmes dans ses grands yeux bleus. Elle priait avec ferveur, et la foi la plus vive rayonnait dans le regard limpide qu'elle levait de temps en temps vers le ciel.

— Pour qui priiez-vous donc ainsi tout à l'heure, Marie? lui demanda Gustave en sortant.

— Pour Yvonne et pour son mari... d'abord.

— Et puis?

— Pour d'autres encore.

— Que vous ne voulez pas nommer?

Elle lui jeta un regard de reproche et ne répondit pas.

— Écoutez, Marie, reprit-il, quelque chose me disait au fond du cœur que vous priiez aussi pour moi... mais je serais bien heureux de savoir que je ne me suis pas trompé et de vous l'entendre dire à vous-même.

Elle rougit un peu, et sa main pressa légèrement le bras de M. de Kermaës.

— Hélas! dit-elle enfin, pourquoi le demander? Vous ne le saviez que trop.

Puis, pour l'empêcher de la remercier, elle se mit à lui reprocher ses distractions pendant l'office, et lui fit un sermon en quatre points. Elle s'interrompit en voyant qu'il était plus occupé à contempler la mobile physionomie de la jolie *prêcheuse* qu'à écouter sa morale.

Pendant le dîner, qui dura plus de trois heures, Marie reprit sa folle gaîté.

En sortant de table, on se mit à danser en plein air des *rondes* et des *dérobées*, au son d'un orchestre champêtre venu d'assez loin et composé d'un biniou, d'une bombarde et d'un tambourin. Le soir, après souper, les danses recommencèrent de plus belle ; mais, cette fois, elles eurent lieu dans la grange. Un *instrumentiste*, tailleur de profession, grimpé sur une barrique, et nanti d'un mauvais violon qu'il grattait frénétiquement avec un archet formé d'un demi-cercle de tonneau, joua le même quadrille pendant toute la nuit. Il se reposait pendant les *rondes* et les *dérobées* que les danseurs chantaient en chœur. Soutenu par force rasades et bientôt couché sur son instrument par une joyeuse ivresse, le rustique Musard accomplit sa tâche jusqu'au bout avec tant de conscience et de vigueur, qu'à la fin de la soirée il ne restait qu'une corde à son violon et dix crins tout au plus à son archet.

Malgré son apparence frêle et délicate, Marie avait dansé toute la journée. Les représentations de sa mère ne purent la faire renoncer à une seule contredanse. Suivant l'expression de madame Cozic, la jeune fille était *dépassée*. Grâce à cette animation, elle ne se ressentit nullement d'une journée si fatigante. On se sépara fort tard. Il fallait pourtant recommencer le lendemain, car on devait conduire la mariée à la maison du futur.

La mère de Gustave, dont l'attentive bonté prévoyait les moindres désirs d'un fils chéri, lui avait permis de disposer de leur voiture. A cette époque, un carrosse n'était pas chose commune dans nos campagnes. Il y en avait, tout au plus, deux ou trois dans un rayon de sept à huit lieues. Gustave s'empressa d'offrir la calèche pour conduire les mariés. Si cette proposition, un peu en dehors des traditions du château, fit grommeler tout bas

M. de Kermaës père, Yvonne et son époux en furent tellement flattés, qu'ils ne savaient comment exprimer leur reconnaissance. Deux places furent naturellement réservées au garçon et à la fille d'honneur. Le lourd et massif carrosse, auquel un cocher de fiacre de notre temps rougirait d'atteler ses maigres rosses, passait, à cette époque, pour une des merveilles du lieu et ne sortait que dans les grandes occasions. D'ailleurs, tout était nouveauté, tout était plaisir pour Marie, qui venait à peine de quitter le couvent. Ses plus longues excursions ne lui avaient jamais fait perdre de vue les clochers de Lannion ou de Tréguier. Elle semblait si contente, si émerveillée de s'étendre sur les coussins en velours de la calèche, et de se sentir rapidement emportée sans secousses ni cahots, dans une belle voiture, que Gustave était heureux lui-même rien qu'à contempler la joie enfantine qui rayonnait dans les grands yeux de la petite Bretonne.

— Vous aimez donc bien à voyager en voiture, Marie? lui demanda-t-il en arrivant à Plougrescant.

— Oh oui! répondit-elle, c'est si amusant!... et puis nous étions si bien là tous les quatre!

Il y a des inflexions de voix que rien ne saurait rendre, et dont deux cœurs qui s'aiment ont seuls le secret. La manière dont Marie avait prononcé sa dernière phrase révélait tous les mystères de son âme aimante et naïve.

Cette journée fut, à peu de chose près, la répétition

de ce qui s'était passé la veille. Marie eut un grand succès parmi les jeunes gens de Plougrescant.

— Jamais je ne m'étais autant amusée que ces deux jours-ci, dit-elle à Gustave, vers la fin de la soirée, avec une sorte de mélancolie... Tenez, monsieur Gustave, je suis trop heureuse maintenant... Vous verrez qu'avant longtemps il m'arrivera quelque chagrin.

De son côté, Gustave songeait tristement qu'une fois toutes ces fêtes terminées, les occasions de revoir Marie deviendraient bien rares. A force d'y penser, il lui vint à l'idée que le petit bois de Ploumaria, si rapproché de Kervohr, serait un endroit bien propice à leurs entretiens et qu'il serait facile de s'y rencontrer chaque jour. Il en parla aussitôt à Marie, en la priant de s'y rendre le lendemain... Elle devint sérieuse et refusa. Il insista, il supplia... Elle persista dans son refus, et parut même blessée de l'obstination du jeune officier.

Têtu comme un vrai Bas-Breton, ce dernier revint à la charge et finit par impatienter Marie, qui n'était pas d'ailleurs, ce soir-là, dans son état habituel. La fatigue qu'elle commençait à ressentir, quoiqu'elle ne voulût pas l'avouer, agissait à son insu sur son organisation nerveuse, et lui causait une sorte d'agitation et de malaise. Pour mettre fin aux instances de Gustave, elle prit le bras d'un des amis du marié, Job (Joseph) Larmor, le plus célèbre *souleur* (1) du canton. Déjà contrarié du re-

(1) La *soule*, maintenant défendue, était un des jeux les plus dangereux et les plus renommés en Bretagne.

fus de Marie, Kermaës fut doublement piqué en la voyant le quitter pour un autre cavalier. Il affecta de ne plus chercher à lui parler, et se mit à causer avec d'autres jennes filles.

Au bout de quelques instants, on commença à danser une ronde, durant laquelle chacun, entrant dans le cercle au refrain, avait le droit d'embrasser une personne de son choix. Lorsque ce fut au tour de Gustave, il fit, malgré lui, quelques pas du côté de Marie, dont les yeux baissés et le corsage palpitant décelaient une certaine anxiété. Au même instant, Job Larmor, qui tenait la main de la jeune fille, se pencha vers elle et lui dit quelques mots. Il n'en fallut pas davantage pour renouveler le dépit de Gustave ; se détournant brusquement, il alla embrasser la jeune et jolie fille d'un notaire des environs.

Marie devint très-pâle ; mais presqu'aussitôt elle se remit à causer en riant avec son danseur, et ce fut ce dernier qu'elle embrassa un moment après. Gustave s'en vengea en ne *dérobant* pas une seule fois mademoiselle Cozic, que se disputaient tous les jeunes gens de Plougrescant.

Comme on avait près de trois lieues à faire pour s'en retourner, la soirée devait naturellement se terminer de meilleure heure que la veille. Les grands parents ne tardèrent pas à signifier qu'on ne danserait plus qu'une seule et dernière ronde.

A cette annonce, la gaîté de Marie s'évanouit tout à

coup. Son regard, d'abord inquiet, exprima bientôt un douloureux reproche. Pour résister à la tendre et muette prière de ses grands yeux, il fallait avoir un cœur de tigre ; mais un jaloux est plus impitoyable qu'un tigre. D'ailleurs, Gustave était d'autant plus furieux qu'il regrettait amèrement d'avoir si mal profité de cette soirée, dont il s'était promis tant de plaisir. Il s'entêta dans sa bouderie et continua à éviter Marie, au lieu de la seconder dans les tentatives qu'elle faisait pour se débarrasser de Job Larmor.

Pour comble de malheur, il pleuvait à verse quand on se mit en route, et Gustave ne put se dispenser d'offrir sa place dans la calèche à quelques voisines, qui s'empressèrent d'y abriter leurs coiffes ou leurs chapeaux. Quant à l'officier, il revint sans manteau et sous la pluie, dans une affreuse carriole, fort peu suspendue et nullement couverte, tirée par un cheval de ferme, aussi insensible au fouet qu'à la voix.

A peine en voiture, les compagnons du hussard glissèrent sous les banquettes et entamèrent un trio de ronflements qu'ils soutinrent, avec force variations, pendant toute la route. Le jeune officier se vit donc obligé de conduire, et ne rentra que fort tard à Kermaës, mouillé jusqu'aux os, et de fort mauvaise humeur. Il se coucha en maudissant le temps, la carriole, le cheval, la noce, Marie et lui-même, et s'endormit en roulant les plus sombres pensées.

IV

Toutes ces mésaventures avaient tellement aigri le caractère de Gustave, que, le lendemain, il lui restait encore un levain de mauvaise humeur. Il était pourtant sur le point de se mettre en route pour se rendre à un *pardon* où les demoiselles Cozic devaient se trouver, lors que Pâturon vint faire une visite à Kermaës. A peine assis, ce dernier commença à défiler son chapelet de nouvelles. Entre autres choses, il raconta que Job Larmor, le beau *souleur* de Plougrescant, avait profité du pardon pour venir rapporter un châle oublié la veille par madame Cozic, et qu'il était resté à dîner à Kervohr. Par suite de l'injustice commune à tous les jaloux, Gustave sentit renaître ses griefs imaginaires contre Marie. Au lieu d'aller au *pardon*, il partit pour la chasse.

Il n'avait pas traversé trois champs qu'il s'en voulait déjà de sa sottise, mais il était trop tard. L'amour-propre ne lui permettait plus de reculer. Le diable se mit de la partie pour faire enrager notre chasseur ; Gustave tira en dépit du bon sens, et fut obligé de rentrer au château sans avoir tué d'autre gibier qu'une malheureuse perdrix.

L'oncle Dumier, naturellement taquin, le plaisanta sur le triste résultat de sa chasse pendant une bonne partie du souper, auquel assistait Pâturon. Ce dernier profita de ces plaisanteries pour donner à Gustave le coup de pied de l'âne, en lui lançant deux ou trois pointes de l'air le plus bénin. Gustave, de nature peu endurante, éprouvait une envie féroce de répondre à Pâturon par quelque grosse impertinence. La présence de sa famille ne lui permettant pas de s'accorder cette petite consolation, il n'eut d'autre ressource que d'aller se coucher aussitôt après le repas, pour mettre fin plus vite à cette néfaste journée.

Quand il s'éveilla, le soleil, s'élevant à l'horizon, éclairait déjà les campagnes, et faisait étinceler au loin, sous ses ardents rayons, la mer houleuse, qui semblait rouler des vagues de pourpre, d'or et d'argent. Les oiseaux voltigeaient de branche en branche, et chantaient gaîment dans le jardin en déjeunant aux dépens des espaliers. Une brise légère, agitant la cime des arbres, inclinait mollement sur les flots les voiles blanches des gabarres et des bateaux de pêche qui se croisaient au milieu des rochers. Tout présageait une belle journée.

Une demi-heure après, Gustave partait pour la chasse, le fusil sur l'épaule et la gibecière garnie de gigantesques sandwiches, qu'accompagnaient un demi-poulet, et un petit flacon d'osier rempli de vin d'Espagne.

A deux heures de l'après-midi, il avait déjà rétabli sa réputation de chasseur par le meurtre de quinze perdrix et d'un lièvre. Il se trouvait alors dans les environs du petit bois de Ploumaria, qui touche d'un côté à la grève, et s'étend de l'autre jusqu'à trois ou quatre portées de fusil de Kervohr.

Après avoir suivi la lisière du bois du côté de la baie, Gustave se mit à parcourir la grève, fort attentif en apparence à poursuivre quelques bandes de chevaliers (petits oiseaux de mer), qui picoraient au bord des vagues. En réalité, il ne pensait qu'à trouver un moyen de revoir Marie. Il lui semblait qu'un secret pressentiment aurait dû amener la jeune fille à Ploumaria, juste au moment où il y arrivait lui-même. Il lui en voulait presque de son absence.

Ce qu'il y avait de plus simple à faire, c'était d'aller tout bonnement faire une visite à Kervohr, mais Gustave en était empêché par son amour-propre de jaloux, ainsi que par cette timidité commune à tous les amoureux, qui se font une affaire d'état des choses les plus naturelles. Il finit pourtant par se mettre en route pour Kervohr, avec le projet d'offrir quelques perdrix à la famille Cozic.

La tête basse, Gustave longeait le taillis en ruminant comme un diplomate chaque phrase du discours qui devait accompagner son présent, lorsqu'il entendit soudain de l'autre côté du fossé (1) une petite

(1) On appelle *fossé*, en Bretagne, les amoncellements de terre faits en forme de talus qui séparent les champs. Ils ont souvent deux ou trois mètres de hauteur, et sont, en outre, surmontés d'ajoncs épineux très-fourrés, parmi lesquels poussent quelques chênes rabougris. Il y a presque toujours de chaque coté de ces talus, une douve assez profonde, où s'écoulent les eaux.

toux qui le fit tressaillir de la tête aux pieds. Sans prendre le temps de chercher un passage, Gustave escalada le fossé en deux bonds, et se laissa glisser dans le bois aux pieds de Marie Cozic.

La jeune fille avait entendu de loin les coups de fusil que Gustave tirait sur la grève, et, devinant sa présence, elle était accourue si vite, si vite, qu'elle en était encore tout essoufflée. Elle essaya pourtant de prendre un petit air boudeur, et commença par gronder bien fort le jeune officier de sa maussaderie des deux jours précédents, mais son regard n'était pas toujours d'accord avec ses paroles. De son côté, Gustave récriminait vivement à propos du beau souleur de Plougrescant. Sa jalousie ne semblait pas trop déplaire à Marie, bien qu'elle prétendît le contraire, et qu'elle prît sa plus grosse voix pour appeler Gustave *vilain jaloux*. La paix ne tarda pas à se conclure, et tous les petits griefs furent promptement oubliés.

Les deux jeunes gens avaient tant de choses à se dire, tant d'explications à échanger, qu'ils restèrent bien longtemps à côté l'un de l'autre, tantôt se parlant à voix basse, tantôt se contemplant avec un bonheur silencieux qui rayonnait de leurs cœurs dans leurs regards. Ce qu'ils éprouvaient, nous n'essaierons pas de le décrire. Ceux-là seuls qui ont aimé peuvent le comprendre. Rien au monde ne saurait exprimer les sensations infinies, les folles aspirations, les ardentes rêveries qui gonflent les poitrines et semblent passer d'un cœur dans l'autre à chaque pression des mains entrelacées. De même que les accords de divers instruments s'unissent, se confondent pour ne former qu'une seule et même symphonie, de même le chant des oiseaux, le murmure des vagues, les parfums pénétrants de la grève et de la campagne, la douce fraîcheur de l'air... toutes les suaves impressions de la nature, enfin... n'arrivaient aux deux amants que perdues, noyées dans l'intime harmonie dont l'amour inondait leurs cœurs.

Lorsque le brouillard du soir, envahissant la grève, les avertit qu'il fallait enfin se séparer, il leur sembla sortir d'un songe. Chacun d'eux s'aperçut qu'il avait oublié de dire les trois quarts des choses dont il comptait parler. Ils revinrent dix fois sur leurs pas avant de pouvoir se quitter.

Depuis ce jour, presque tous leurs après-midi se passèrent dans le bois de Ploumaria, où Marie accourait dès qu'elle pouvait trouver un prétexte pour s'échapper de Kervohr. Quant à Gustave, il partait le matin de bonne heure, le fusil sur l'épaule, et ne rentrait qu'à midi pour dîner avec sa famille. Puis, fort pressé en apparence de se remettre en chasse, il se levait de table un peu avant la fin du repas pour aller prendre son dessert à l'office. Cela étonnait et flattait beaucoup la vieille cuisinière, fort intriguée de voir à un officier de cavalerie un goût si prononcé pour les gâteaux et les sucreries, mais très-fière de cet hommage rendu à ses talents. Médor, le bel épagneul de Gustave, l'attendait, couché au soleil, à la porte de la cour. Dès qu'il reconnaissait le pas de son maître, il s'élançait et le précédait joyeusement, sans que Gustave eût besoin de lui indiquer le chemin à suivre.

Afin de ne pas éveiller les soupçons et de dérouter les curieux, M. de Kermaës commençait prudemment par tourner le dos à Kervohr, et n'arrivait à Ploumaria qu'après un assez long détour. Il s'enfonçait dans le bois, s'asseyait au même endroit où Marie s'était assise la veille, et attendait son amie, songeant à elle et se rappelant tous les détails de leur dernière entrevue. Il l'entendait bientôt arriver à travers le feuillage, et courait au-devant d'elle. Puis, tous deux s'asseyaient sur l'herbe, au milieu du bois, et partageaient le contenu du carnier de Gustave. Marie apportait souvent des crêpes de sa façon, que Gustave trouvait délicieuses, ou des fruits du jardin de Kervohr, cueillis par les jolies mains que l'officier aimait tant à baiser. Quelles joyeuses collations ils faisaient tous deux, se disputant les morceaux, ou se forçant réciproquement à les prendre, se lutinant à tout propos, et se réconciliant pour recommencer bien vite une autre querelle !

Le seul témoin de leurs jeux et de leurs enfantillages était maître Médor, qui, couché à leurs pieds, finissait presque toujours par avoir la meilleure part du goûter. Il s'approchait pas à pas de Marie, de manière à venir appuyer familièrement sa grosse tête sur les genoux de la jeune fille. Puis, il suivait chaque morceau qu'elle portait à sa bouche d'un regard si éloquent, que Marie se hâtait de partager avec lui. Lorsqu'on faisait trop attendre sa part au solliciteur, il ne tardait pas à protester par un *crescendo* de gémissements contre une attente trop prolongée.

Marie l'avait pris en grande affection, et le rusé matois le savait bien. Dès qu'il avait commis quelque méfait, il se glissait promptement auprès d'elle en prenant un air de piteuse contrition qui allait tout de suite au cœur de la jeune fille. Posant sa petite main sur les oreilles du coupable, elle le couvrait de sa protection toute-puissante. Alors, l'épagneul, parfaitement rassuré, se couchait aux pieds de sa protectrice en regardant Gustave d'un air de béatitude sournoise, qui prouvait assez qu'il se savait désormais à l'abri de sa colère.

Médor était, du reste, fort utile aux jeunes gens, en ce qu'il servait de sentinelle avancée et les avertissait dès que quelqu'un s'approchait du bois. Quand les amants le voyaient lever la tête, dresser les oreilles et grogner sourdement, ils se hâtaient de baisser la voix ou de se réfugier dans le fourré. Lorsque le danger avait disparu, Gustave et Marie reprenaient leur poste favori, semblables à ces oiseaux qui, chassés par un coup de fusil, reviennent sur la même branche reprendre leurs chants et leurs jeux.

Quelquefois, après avoir longtemps exploré du regard le rivage et les champs d'alentour, les deux jeunes gens descendaient sur la grève et se promenaient le long de la lisière du bois. Plus souvent encore, saisissant le moment propice, ils grimpaient par un sentier escarpé jusqu'au sommet de la falaise, et se blottissaient dans un enfoncement de rochers, disposés de telle sorte par la nature, que, du côté de la terre, il était impossible de les découvrir. Ils restaient là des heures entières à causer de leur amour, ou bien à regarder les vagues, dont l'écume jaillissait jusqu'à eux, les oiseaux de mer dispersés sur les herbiers, ou rasant les flots de leur aile rapide, les barques de pêcheurs mouillées dans le lointain et les navires qui apparaissaient comme un point blanc à l'horizon brumeux.

Deux après-midi de suite, Marie manqua au rendez-vous. Le troisième jour, elle n'y vint pas encore. Après une assez longue attente, Gustave ne put résister à son inquiétude. Prenant son courage à deux mains, il entra résolûment chez les Cozic.

— La chasse m'a conduit de ce côté, leur dit-il, et je n'ai pas voulu passer si près de Kervohr sans vous souhaiter le bonjour.

Il craignait un peu que les Cozic ne se doutassent de quelque chose ; mais leur accueil plein de franchise et de joyeuse cordialité le rassura complétement. Marianne seule lui jeta un regard moqueur, qui lui fit voir qu'elle soupçonnait un autre motif à sa visite.

Lorsqu'il entra, les deux hommes fumaient silencieusement leurs pipes sur les bancs fixés à la muraille en dedans du foyer de la cuisine. Madame Cozic et ses deux filles tricotaient ou brodaient près de la table, sur laquelle une douzaine d'écuelles en terre, remplies de lait *ribot* (1) et garnies de cuillères de bois, étaient symétriquement rangées autour d'une *torche* (2) de paille destinée à soutenir la bassinée de *peux*, ou bouillie de sarrasin, qui cuisait en ce moment sur le feu. Du pain d'orge et du beurre, placés à côté, complétaient la collation préparée pour les ouvriers et les domestiques de Kervohr.

L'arrivée de M. de Kermaës mit tout le monde sur pied, et produisit l'effet d'un branle-bas de combat. Bon gré, mal gré, on le fit passer au salon, dont on ouvrit précipitamment les volets. Suivant l'usage des campagnes, on apporta des rafraîchissements de toute espèce. Le père courut à la cave chercher du vin de Malaga. Le fils alla tirer un pot de cidre. Pendant ce temps, Marianne et sa mère remplissaient deux assiettes de crêpes et de macarons.

Marie aussi s'était levée du siége où elle travaillait tristement. Tout émue encore de cette visite inattendue, rougissant et pâlissant tour à tour, elle courait de droite et de gauche, sans trop savoir ce qu'elle cherchait, et n'avançait à rien malgré son empressement. Ses yeux, continuellement fixés sur Gustave, s'occupaient bien plus d'échanger des regards d'intelligence avec le jeune homme, que de surveiller la symétrie des pêches qu'elle disposait sur une assiette. Aussi la pyramide s'écroula-

(1) Lait aigre d'un goût agréable et rafraîchissant.

(2) Cercle en paille tressée, dans le genre de ceux dont on se sert pour porter des fardeaux sur la tête.

t-elle au premier mouvement que fit Marie pour en offrir. La pauvre petite resta toute confuse de sa maladresse et des plaisanteries de ses parents.

Tandis qu'agenouillé près de Marie, Gustave l'aidait à faire la chasse aux fruits qui roulaient sur le plancher, elle lui dit tout bas avec vivacité :

— Il m'a été impossible d'aller à Ploumaria ces trois jours-ci... Ma sœur ne me quitte pas un instant... Elle a quelques soupçons... Ce doit être M. Pâturon qui l'a prévenue... Vous n'êtes pas fâché contre moi, n'est-ce pas, monsieur Gustave ?

La pauvre enfant avait les larmes aux yeux en parlant ainsi.

Pour toute réponse, Gustave feignit de vouloir ramasser une pêche que Marie tenait déjà. Leurs mains se rencontrèrent et échangèrent une tendre pression. La jeune fille reprit aussitôt sa gaîté ; elle reconstruisit sa pyramide sur des bases plus régulières et se défendit vaillamment contre les plaisanteries de son frère et de sa sœur.

Lorsque Gustave quitta les Cozic, Erouann voulut l'accompagner pour lui montrer deux compagnies de perdrix qu'il connaissait dans les environs. Une adroite insinuation de Marie amena son père à proposer que toute la famille vînt reconduire M. de Kermaës *un bout de chemin*. Les deux amants eurent ainsi quelques minutes de plus à passer ensemble, mais ils faillirent s'en repentir, grâce à maître Médor, que Gustave avait prudemment laissé à la porte de la cour, et auquel il ne songeait plus. Dès que l'épagneul les vit arriver, il s'élança vers Gustave d'abord, puis vers Marie, à laquelle il fit tant de caresses, tant de *chère* (suivant une expression du pays), que les amants faillirent se déconcerter. Madame Cozic, continuellement souffrante, n'avait pu les accompagner, mais leur embarras fut remarqué par la sœur aînée, dont les plaisanteries, fort intelligibles pour Marie et pour Gustave, prouvèrent à ce dernier que Marianne avait plus de pénétration que son père et que son frère. Ceux-ci ne se doutèrent de rien, et ne firent que rire de cet incident, qu'ils ne cherchèrent même pas à s'expliquer. La situation, néanmoins, devenait d'autant plus embarrassante, que Médor, prenant pour un jeu les efforts de Marie pour le repousser, continuait de plus belle ses démonstrations intempestives.

En ce moment critique, Gustave avisa par bonheur le tablier de Marianne, un vrai tablier de ménagère, dont les vastes poches s'entr'ouvraient sous le poids d'un trousseau d'énormes clefs. Il glissa adroitement dans un de ces profonds réceptacles deux ou trois crêpes sucrées que madame Cozic avait mises bon gré, mal gré, dans son carnier. Puis il désigna du geste et de l'œil à Médor la poche qui renfermait les friandises que leur parfum n tarda pas à déceler à l'odorat exercé de l'épagneul.

La gourmandise l'emporta sur l'amitié. L'ingrat abandonna Marie pour venir faire le beau devant Marianne.

Lui léchant les mains, mordillant le bout de ses souliers, se dressant debout devant elle, l'œil toujours fixé sur la bienheureuse poche, il s'évertuait en vain à faire comprendre à mademoiselle Cozic ce qu'il attendait de sa munificence. Ce fut alors le tour de la pauvre Marianne d'être tourmentée par sa sœur. Celle-ci lui rendit avec usure toutes ses plaisanteries.

On arriva ainsi à l'endroit marqué pour la séparation. Gustave s'éloigna avec Médor, dont l'œil désolé suivi longtemps encore l'inexorable poche que toutes ses bassesses n'avaient pu faire ouvrir.

V

Marie ne s'était point trompée en attribuant aux manœuvres de Pâturon la défiance de sa sœur aînée. Naturellement bonne et indulgente, Marianne fut assez généreuse pour ne pas communiquer ses soupçons à madame Cozic ; mais, à partir de ce moment, elle surveilla Marie de si près que celle-ci ne put s'absenter que bien difficilement et seulement pour quelques minutes. Après l'avoir inutilement attendue quelquefois trois ou quatre jours de suite, à peine Gustave avait-il le temps de lui serrer la main et de lui dire quelques mots.

Je ne sais trop ce qu'ils seraient devenus sans une indisposition qui força madame Cozic à garder le lit et obligea ses filles à se relever dans sa chambre, afin de lui tenir toujours compagnie. Malgré ce surcroît d'embarras, Marianne essaya bien encore de continuer sa surveillance ; mais, outre la direction de la maison, dont elle était déjà chargée, il lui fallait désormais soigner sa mère et la remplacer dans tous les petits détails de ménage que la bonne femme s'était réservés jusque là. Il lui devint bientôt impossible de lutter contre la diplomatie d'une jeune fille dont toutes les pensées, dirigées vers un seul but, ne laissaient jamais passer la moindre occasion de s'échapper. Dieu sait d'ailleurs toutes les ruses, tous les prétextes que l'amour inspirait à Marie. Elle les racontait à Gustave à chacune de leurs entrevues, tantôt riant avec lui du succès de son adresse, tantôt pleurant de ce qu'elle appelait ses mensonges et ses folies.

— Je vous en prie, lui disait-elle quelquefois, ne venez plus à Ploumaria. Chaque matin, je prends la résolution de n'y plus venir moi-même... puis, quand arrive l'heure de notre rendez-vous, je pense que vous êtes là, que vous m'attendez, et je n'ai plus la force de résister à l'envie de vous voir. C'est bien mal... et pendant que ma pauvre mère est malade surtout !... Je vous en conjure, Gustave, ayez du courage pour nous deux : ne venez plus.

Elle disait cela d'une voix si douce, si tendre, avec

tant de gentillesse et de naïveté, que Gustave se sentait aussi incapable qu'elle d'un pareil sacrifice. Tant que dura la maladie de madame Cozic, ils continuèrent à se voir ainsi presque tous les jours. Mais, lorsque la mère commença à se rétablir, leurs entrevues menacèrent de devenir tout aussi rares que précédemment.

— Tenez, Gustave, lui disait un jour Marie, je crois vraiment que je deviens folle. Tout le temps que ma pauvre mère a été couchée, je pleurais de la voir malade. J'aurais voulu prendre pour moi toutes ses souffrances. Eh bien! maintenant que le bon Dieu la guérit, je me surprends encore à pleurer en songeant que bientôt je ne vous verrai presque plus.

Plus elle lui racontait les sermons de sa sœur, qui lui reprochait souvent la froideur qu'elle témoignait à son ancien soupirant, Sidoine Pâturon. Chaque visite du Picard à Kervohr était suivie d'un redoublement de surveillance. Gustave le détestait d'autant plus qu'il le soupçonnait depuis longtemps d'épier furtivement ses démarches. Il aurait donné tout au monde pour surprendre Sidoine en flagrant délit d'espionnage, mais nul indice ne venait lui fournir l'occasion qu'il désirait.

Une après-midi, la mère de Gustave retint ce dernier un peu plus longtemps que d'habitude dans la salle à manger. Le dîner était terminé depuis quelques minutes lorsqu'il put enfin se mettre en route pour son cher petit bois de Ploumaria. Au moment où il partit, toute la famille était déjà descendue au jardin avec maître Pâturon que l'oncle Dumier avait encore eu l'idée d'inviter à dîner ce jour-là.

Tandis que, longeant extérieurement les murs du jardin, Gustave passait près de la petite porte de sortie, il fut aperçu par M. Dumier. Grimpé sur une échelle, ce dernier s'occupait à installer des filets pour protéger son raisin contre le maraudage des oiseaux. Il lança au hussard quelques plaisanteries que le jeune homme ne fit pas semblant d'entendre. Tout en donnant au diable son cher parent, Gustave continuait rapidement son chemin, lorsqu'en jetant un regard derrière lui, il vit M. Dumier se détourner pour parler à quelqu'un. Il suivit la direction de ses yeux, et crut distinguer, à travers le feuillage de la vigne, une chevelure rousse et mal peignée qui disparut presque aussitôt.

Arrivé à quelque distance, Gustave s'arrêta pour écouter. Il lui sembla entendre refermer avec précaution la petite porte du jardin donnant sur les champs.

— Parbleu, se dit-il, ce doit être mon ami Pâturon.

C'était bien lui, en effet.

Une fois Gustave sur ses gardes, il lui fut facile de se convaincre que Pâturon le suivait de loin avec les plus grandes précautions. Le plan du hussard fut bientôt arrêté. Il continua quelque temps à marcher très-vite dans la même direction, sans laisser paraître aucun signe de méfiance. Puis, profitant d'un moment où Pâturon l'avait perdu de vue, il se blottit précipitamment dans une douve profonde, protégée par un énorme talus. La main sur le collier de Médor, un genou en terre et retenant sa respiration, il attendit son trop fidèle Achate, dans la position du braconnier à l'affût. Un instant après, il lui sembla que son gibier s'arrêtait de l'autre côté du fossé, se livrant, sans doute, à une inspection préalable avant de s'aventurer plus loin. Ne voyant personne et croyant Gustave devant lui, Pâturon sauta dans le champ, qu'il traversa en courant jusqu'à l'autre fossé ; là, il s'arrêta encore.

Placé dans la douve, à une soixantaine de pas de Gustave qu'il venait de dépasser, et regardant à travers les ajoncs du fossé, le Picard tournait le dos à M. de Kermaës. Malheureusement pour l'espion, un des coups du fusil de Gustave était chargé à *cendrée*, en l'honneur des cailles assez communes à cette époque. Le jeune officier ne put résister à la tentation. Ajustant soigneusement un infortuné linot qui sautillait sur l'herbe tout près de maître Sidoine, il fit feu, avec le secret espoir que quelques grains égarés se chargeraient de punir Pâturon de son espionnage et de ses méchants rapports. L'oiseau resta sur place ; mais on entendit un cri effroyable, qui ne devait pas certainement provenir du gosier du pauvre linot. Quant à Pâturon, il avait disparu dans les épines et les orties dont la douve était remplie. Seul vestige de sa disparition, son chapeau, accroché à une branche, s'agitait au gré du vent comme pour appeler au secours de son infortuné propriétaire.

Au moment où Gustave arrivait près du blessé pour

lui porter secours, non sans quelque crainte d'avoir poussé sa vengeance trop loin, il vit tout à coup Pâturon surgir de la douve, en jetant un regard effaré de son côté, et s'enfuir aussitôt de toute la vitesse de ses jambes, sans même se donner le temps de reprendre son chapeau. Supposant sans doute à M. de Kermaës les intentions les plus féroces, il arpentait rapidement le terrain. Gustave se hâta de ramasser et chapeau et linot, et partit aussi à toute vitesse, précédé de Médor, fort joyeux de ce nouveau genre de chasse. L'épagneul menait Pâturon comme il eût mené un lièvre au déboulé, et *donnait* comme un vrai chien courant. Au bout d'un quart d'heure, le gibier, littéralement forcé, se laissa lourdement choir sur l'herbe, sans même essayer de faire tête à la meute. Pâturon s'attendait évidemment à recevoir une rude correction. Il resta tout ébahi lorsqu'il entendit Gustave lui adresser force excuses d'une voix à laquelle l'essoufflement donnait une touchante expression d'intérêt.

— Comment diable, aussi, aurais-je deviné que vous étiez là herborisant au milieu des ronces? lui dit Kermaës.

Sidoine ne répondit d'abord que par une sorte de grognement.

— Vous deviez bien me voir, pourtant? murmura-t-il enfin.

— Pensez-vous, par hasard que je l'ai fait exprès? s'écria Gustave avec une inflexion de voix à la fois compatissante et moqueuse. Ah! Pâturon!... Pâturon!... Comment pouvez-vous me croire tant de noirceur dans l'âme?... D'ailleurs, quel motif aurais-je de vous en vouloir?

— Aucun, bien sûr... aucun! fit le Picard embarrassé; mais souvent on se figure... on croit...

— Allons donc!... Quelques mauvaises langues m'ont, il est vrai, raconté que vous aviez fait je ne sais quelles *histoires* sur mon compte, que vous m'aviez plusieurs fois suivi furtivement... mais vous pensez bien que je n'ai pas cru un seul mot de tout cela.

— Ce sont d'affreuses calomnies, murmura Sidoine fort peu rassuré.

— Parbleu! je n'en ai pas douté un seul moment, mon bon Pâturon. Vous comprenez, du reste, que si j'avais cru quelqu'un capable d'une pareille infamie, ce n'est pas du plomb à caille que je lui aurais envoyé, mais une balle de pistolet ou six pouces de fer dans la poitrine.

— Il faudrait être bien certain, fit Pâturon dont les dents claquaient de frayeur... il faudrait des preuves... puis, enfin, moi je suis votre ami... et vous devez bien penser...

— Sans doute! sans doute! Ce que je vous en dis, c'est tout bonnement pour causer. Je tiens même beaucoup à ce que ceci reste entre nous... vous comprenez?

— Oui... oui... je vous jure que je n'en dirai pas un mot.

Il reprit lentement le chemin du château, et s'éloigna la tête basse, et le cœur rempli d'un ressentiment que sa poltronnerie l'empêchait de manifester hautement en présence de M. de Kermaës.

VI

Dès que l'ennemi eut disparu, Gustave prit sa course à travers champs, et se dirigea en courant vers Ploumaria. A peine était-il entré dans le bois que Médor l'abandonna. Il retrouva son épagneul couché aux pieds de mademoiselle Cozic.

Marie avait les yeux rouges. Elle prit une petite mine boudeuse pour recevoir son ami et parut plus occupée de caresser Médor que de répondre au tendre bonjour de Gustave. Celui-ci commençait à raconter pour sa justification les motifs de son retard, lorsqu'en levant furtivement les yeux vers lui, Marie aperçut la sueur qui coulait à grosses gouttes sur les joues du jeune homme. Oubliant aussitôt son courroux, elle tira un mouchoir de sa poche et se mit à essuyer le front et les yeux de Gustave, tantôt le grondant d'être venu si vite, tantôt lui reprochant de l'avoir fait attendre. Elle lui frappait sur les doigts avec une feinte impatience, chaque fois qu'il essayait de saisir au passage, pour la porter à ses lèvres, la jolie main qui effleurait son front et ses joues.

— Laissez-moi, monsieur, disait-elle en cherchant à prendre un air courroucé... je ne suis pas en humeur de plaisanter. Peut-on s'échauffer ainsi! Après cela, vous prendrez froid, vous aurez une fluxion de poitrine, on vous portera en terre, et moi je mourrai de chagrin... Ce sera bien sot de ma part, mais ce sera comme ça... Gustave, Gustave, voyons! je vais me fâcher!... Ah! mais bien sûr! Voilà qui est fini..... attendez un peu.

Avec une espièglerie d'enfant gâté, Marie s'amusait à brouiller ses cheveux, en ayant l'air de lui essuyer le front; elle finit par lui donner sur le nez deux ou trois petits coups de son mouchoir mouillé.

— Voilà qui est bien fini cette fois, reprit-elle en appuyant elle-même le dos de sa main sur les lèvres de Gustave, comme pour le récompenser de sa docilité. Oh! mon pauvre mouchoir! Voyez donc comme il est trempé! Heureusement, j'en ai un autre dans la poche de mon tablier.

— Cela se trouve bien, lui dit-il, vous allez me laisser celui-là... ce sera un souvenir.

— Un beau souvenir! fit-elle avec une petite moue dédaigneuse... un mouchoir en grosse toile!... qu'est-ce qu'en ferait un beau *monsieur*, un petit-maître comme vous?

Il ne répondit qu'en baisant le mouchoir qu'il plia

soigneusement et plaça sur son cœur, tout mouillé qu'il était. Elle essaya de le reprendre; mais Gustave défendit héroïquement sa conquête, et finit par la conserver.

— Encore, si c'était un des beaux mouchoirs qu'on m'a donnés au premier de l'an! murmurait Marie avec un accent de naïf regret.

La paix ainsi rétablie, Marie se rassit au bord du talus, à côté de Gustave, et fit signe à Médor, qui vint gravement appuyer ses oreilles soyeuses sur les genoux de la jeune fille. Gustave prit dans sa main droite la main de Marie, qu'il pressa sur ses lèvres. Puis passant doucement son bras gauche autour de la taille de la gracieuse enfant, il l'attira peu à peu vers lui, jusqu'à ce qu'elle fût appuyée sur son cœur, sa tête mignonne tout près de celle de son ami.

Qu'elle était jolie ainsi posée, quand ses grands yeux bleus se levaient vers lui avec une expression d'ineffable tendresse, ou se voilaient sous la frange de ses longs cils pour fuir le regard ivre d'amour du jeune officier!

— Je vous en prie, Gustave, ne me regardez pas ainsi! disait-elle quelquefois; cela me fait mal...je n'ose plus lever les yeux de peur de rencontrer les vôtres..., je voudrais pourtant bien vous regarder aussi, moi.

Elle disait tout cela d'une voix si douce, si douce, qu'il n'avait garde de lui obéir. Il continuait à s'enivrer de son haleine, à baiser ses jolis doigts, quelquefois même son front ou ses yeux, malgré les gronderies et les menaces de la jeune fille. Un instant même, il s'oublia jusqu'à effleurer ses lèvres, mais elle s'élança aussitôt de ses bras comme une biche effarouchée.

— Je ne veux pas que vous m'embrassiez ainsi, Gustave! dit-elle d'un air tout chagrin. Non, non, je m'en irai plutôt! L'autre soir, en revenant de chez Jane Le Morzec, quand vous m'avez embrassée là... (et, rouge comme une cerise, elle posait son doigt sur ses lèvres), j'étais comme folle... j'étouffais... et, le lendemain, j'avais encore des palpitations de cœur... comme maintenant..., tenez, voyez plutôt.

Elle prit la main de l'officier et l'appuya sur son cœur. Effrayé lui-même de l'agitation de Marie, Gustave jura d'être plus sage à l'avenir. Ses promesses rassurèrent peu à peu la jeune fille. Elle reprit sa place, et laissa de nouveau sa jolie tête reposer sur l'épaule du jeune homme. Puis ils continuèrent à causer tout bas, quoique personne ne pût les entendre, passant brusquement d'un sujet à un autre, s'interrompant à chaque minute, et revenant sans cesse sur le chapitre de leurs amours.

Il lui raconta le tour qu'il venait de jouer à Pâturon. Tout en grondant l'officier de ce qu'elle appelait sa barbarie, Marie ne put s'empêcher de rire de son récit.

— Pauvre Sidoine! dit-elle enfin. Si vous l'aviez estropié, pourtant?

— La belle perte! Mon seul regret, c'est qu'il ne se

soit pas trouvé plus près de moi d'une vingtaine de pas.

— Quelle méchanceté !

— N'est-ce pas lui qui est cause de tous les sermons de votre sœur et des difficultés que nous éprouvons maintenant pour nous voir ?

— C'est vrai..., mais peut-être n'a-t-il cru agir que dans mon intérêt ? car, voyez-vous, Gustave, ce qui me fait le plus de peine dans les observations de Marianne, c'est qu'au fond je sens bien qu'elle a raison. Aussi, ce matin encore, j'ai pleuré..., pleuré comme une Madeleine..., regardez mes yeux... comme ils sont rouges !

— Pauvre ange bien-aimé, lui dit-il en attachant un regard attendri sur les paupières en effet un peu gonflées de Marie, que de chagrins je te cause ! Tu finiras par me haïr ?

Elle répondit par un signe de tête négatif, accompagné d'un ravissant sourire.

— Mais enfin, reprit-il, que peut-elle donc te dire contre moi, ta sœur ?... J'espère bien, ma chérie qu'elle ne cherche pas à te faire douter de mon amour ?

— Mais si !... mais si !... justement.

— Et tu ne la crois pas, au moins ?

— Dame ! qui sait ?... fit-elle en détournant la tête.

— En vérité, Marie, dit-il avec chagrin, comment peux-tu avoir de pareils doutes ? Voyons, c'est à toi-même que j'en appelle..., sois franche ! Depuis que je te connais, me suis-je un seul instant occupé d'une autre personne? Tu es mon seul amour, ma seule pensée, tu le sais bien. Je ne compte dans ma vie que les moments que je passe près de toi, ma bien-aimée. Si je t'aime Marie! Ah ne devrais-tu pas le comprendre rien qu'à mes regards, rien qu'à l'émotion de ma voix, rien qu'aux battements de mon cœur?

Il parlait avec tant de chaleur et de conviction qu'une coquette seule eût pu affecter de mettre en doute sa sincérité.

— Eh bien! oui, Gustave, oui, je crois que tu m'aimes..., maintenant..., répondit Marie d'une voix émue. Ce serait si mal d'ailleurs de se jouer d'une pauvre enfant sans expérience, qui t'aime de tout son cœur. Mais tu ne seras pas toujours ici, mon ami..., il te faudra retourner au régiment.

— Ne puis-je avoir d'autre congé, un semestre?

— Une fois dans vos grandes villes de garnison, continua-t-elle, tu rencontreras de belles dames, nobles, jolies, aimables, élégantes... Tu oublieras bien vite la pauvre petite paysanne de Trelevern, qui ne savait que t'aimer... Oh! n'essaie pas de soutenir le contraire, reprit-elle précipitamment en lui fermant la bouche. Mon Dieu, avant même que ma sœur me l'eût dit, je ne le savais que trop... Je me le répète tous les jours... quoique je ne t'en aie jamais parlé à toi... Aussi, j'ai bien prié Dieu pour qu'il me fît t'oublier!

— Marie, ma bien-aimée, interrompit-il en cherchant

à calmer l'agitation croissante de la jeune fille, je te jure...

— Mais je ne puis pas, mon Dieu ! reprit-elle en éclatant en sanglots ; non, Gustave, je ne le puis pas ! Je n'ose même plus le demander à Dieu. Il me semble que je serais plus malheureuse encore s'il m'exauçait. Quand je pense qu'un jour peut-être... oh ! c'est plus fort que moi !.., et le jour où tu te marieras, j'en mourrai de chagrin ou je me ferai religieuse... Tu viendras à mon enterrement ou à ma prise d'habit, n'est-ce pas, Gustave ?... Tu me le promets ? dit-elle en essayant de sourire au milieu de ses larmes, et en mordant son mouchoir pour étouffer ses sanglots.

Les paroles de la pauvre enfant navrèrent le cœur de Gustave.

Honteuse tout à coup de son émotion, Marie essaya de tourner en plaisanterie ce qu'elle venait de dire ; mais les larmes lui coupèrent la parole. Elle se remit à pleurer silencieusement, la tête appuyée sur l'épaule du jeune officier.

Les appréhensions de la pauvre fille n'étaient que trop justes ; la conscience de Gustave le forçait d'en convenir. Il n'avait jamais pensé sérieusement, ou, pour dire la vérité, il avait toujours évité de songer au dénoûment de leur liaison. Les naïves paroles de Marie furent pour lui un cruel reproche. Ce jour-là seulement, en voyant couler ses larmes et en songeant que bientôt peut-être il faudrait la quitter, il comprit combien elle lui était chère. Dans son émotion, il n'écouta que la voix de son cœur. Il parla de son amour avec cette chaleur, avec cette éloquence qu'une passion véritable peut inspirer à un cœur de vingt ans. Gustave était sincère en effet. Eût-il été certain, comme dans les contes de fées, de voir sa tête tomber à son premier mensonge, il n'aurait certes pas retranché un seul mot de tout ce qu'il disait en ce moment à Marie. Ses tendres protestations ne tardèrent pas à rassurer la jeune fille.

— Mon Dieu, que je suis donc sotte ! dit-elle en essuyant ses yeux, dans lesquels un doux sourire scintillait au milieu des larmes, comme un rayon de soleil sur la rosée du matin. Je dois vous paraître bien niaise, mon pauvre Gustave. Je ne sais pas ce que j'ai aujourd'hui, mais mon cœur est triste et inquiet. Toute la matinée je me sentais des envies de pleurer, sans savoir pourquoi. Puis, ma sœur, qui est venue me dire... Allons ! voilà que je vais recommencer, fit-elle en séchant bien vite une larme qui perlait sur ses longs cils.

Comme elle achevait ces paroles, Médor leva sa grosse tête, et huma l'air dans toutes les directions ; puis, les oreilles dressées, et les yeux fixés d'un air menaçant du côté de Kervohr, il gronda sourdement. Évidemment un ennemi approchait. Les deux amoureux se hâtèrent de gagner le fourré et se blottirent à vingt pas du talus, derrière un épais buisson de houx et d'ajoncs.

Gustave écarta quelques branches pour se ménager

une petite vue sur l'allée qu'ils venaient de quitter. Ils entendirent bientôt les feuilles sèches du sentier bruire sous les pas qui s'approchaient. Ils aperçurent Marianne s'avançant avec précaution et regardant autour d'elle d'un air inquisiteur.

Il devenait évident pour les deux amants qu'on les avait trahis, et que Marianne connaissait l'endroit précis de leur rendez-vous. Les yeux de Gustave et de Marie se rencontrèrent et reflétèrent la même pensée, la même contrariété.

— Il faut absolument que je rentre à Kervohr avant ma sœur, dit tout bas Marie.

— Déjà nous quitter ! fit Gustave avec tristesse et le cœur serré par un sombre pressentiment.

— Il le faut bien, mon ami ! Encore serai-je obligée de courir de toutes mes forces pour arriver avant Marianne.

— Prends garde de te rendre malade, ma bien-aimée ! Songe que si tu étais indisposée, nous ne pourrions plus nous voir, et que j'en souffrirais doublement.

— Oh ! je suis bien maintenant, fit-elle en secouant la tête d'un petit air mutin ; et puis...

Elle s'arrêta brusquement et lui serra la main par un mouvement passionné. Une larme brillait dans ses grands yeux bleus. Gustave attira vers lui la jeune fille et la pressa sur son cœur.

— Tu reviendras demain, n'est-ce pas, Marie? lui dit-il ; tu me le promets ?

— Je ferai mon possible... mais je crains bien... enfin, je tâcherai. Allons, Gustave, adieu ; laissez-moi partir.

Tout en parlant ainsi, elle ne faisait qne de bien faibles efforts pour se dégager des bras du jeune homme. Lui-même ne pouvait se décider à la quitter.

— Mon Dieu! reprenait Marie, il faut pourtant bien que je m'en aille... j'arriverai trop tard... Voyons, Gustave, soyez raisonnable... donnez-moi l'exemple... Dites-moi donc de m'en aller. Adieu, adieu ; aime-moi bien!

Puis, s'arrachant tout à coup de ses bras, elle disparut à travers le fourré. Lorsqu'elle eut atteint le sentier, elle se retourna pour lui envoyer de la main un dernier baiser d'adieu. Gustave la perdit aussitôt de vue.

Kermaës fit un détour pour éviter Marianne, et revint tout pensif au château, sans songer à tirer les perdrix que Médor arrêtait devant lui.

Le lendemain, il prit à peine le temps de dîner et courut à Ploumaria. Marie n'y était pas.

— Je suis venu trop tôt, se dit-il, inquiet malgré lui.

Il attendit jusqu'à six heures du soir ; mais en vain.

Il en fut de même le jour suivant. N'osant retourner à Kervohr, Gustave erra comme une âme en peine autour de la maison, cherchant à deviner ce qui s'y passait, et se cachant dès qu'il voyait paraître quelqu'un. Le pauvre garçon s'en revint désespéré. Il passa une partie de la soirée et de la nuit à chercher un prétexte pour se présenter le lendemain chez les Cozic. A force de diplomatie, il parvint à se faire donner une *commission* par sa mère. Le lendemain, à huit heures du matin, Gustave arrêtait, à la porte de Kervohr, son cheval couvert de sueur. A peine dans la cour, il pressentit quelque malheur.

— Marie est tombée malade mercredi dernier, lui dit le père Cozic qui était venu au-devant de l'officier. Voilà deux nuits qu'elle tousse beaucoup et qu'elle tremble la fièvre.

— Que pense le médecin de cette indisposition? demanda Gustave en faisant un effort surhumain pour raffermir sa voix.

— Nous ne l'avons pas encore vu. En allant demain au marché de Tréguier, Erouann passera chez M. Mauvières pour le prier de venir.

— Mon Dieu, reprit Gustave, je puis lui éviter cette peine. Mon intention était de me rendre à Tréguier en sortant d'ici. Je passe à la porte de M. Mauvières, et je lui ferai votre commission si vous voulez.

M. Cozic accepta avec force remercîments. Gustave l'engagea à demander à ces dames si elles n'avaient pas quelque message pour Tréguier. Le cultivateur monta dans la chambre de ses filles, et redescendit un instant après. Il tenait un petit billet sur lequel Marie avait écrit au crayon le nom d'un ouvrage qu'elle priait Gustave de demander pour elle à la bibliothèque du couvent. Le jeune homme comprit qu'elle avait saisi cette occasion pour lui faire parvenir quelque chose d'elle, et lui fournir un prétexte de revenir. A peine était-il hors de la cour, qu'il tira de sa poche le billet de Marie, et couvrit de baisers les caractères tracés par les mains de la pauvre malade.

Le cheval ne fit qu'un temps de galop de Kervohr à Tréguier. Lorsque Gustave arriva chez M. Mauvières, on lui dit que ce dernier était à Louannec. A une demi-lieue de Tréguier, il rencontra le docteur qui revenait au petit trot de sa jument. M. Mauvières promit de se rendre immédiatement chez les Cozic. Gustave retourna aussitôt à Tréguier et courut au couvent chercher les livres que désirait Marie. Avant de repartir pour Kervohr, il les parcourut un instant, et souligna au crayon les passages qui lui semblaient de nature à exprimer son amour et ses inquiétudes. — Pauvre mère Sainte-Apolline ! si elle avait su à quel usage on faisait servir ses livres de piété !...

Gustave voulait n'arriver à Kervohr qu'un peu de temps après M. Mauvières, afin de le rencontrer sur la route et de savoir ainsi des nouvelles de Marie. Il lui fallut pour cela rester une bonne demi-heure à Tréguier. Il en partit encore trop tôt, car il fut obligé de s'arrêter de nouveau à un quart de lieue de Kervohr pour attendre le docteur. Dès que Gustave entendit sur les cailloux du chemin le trot lentement cadencé du cheval de M. Mauvières, il se remit en marche. Il s'arrêta pour saluer M. Mauvières et chercha à lire d'avance sur la figure de ce dernier ce qu'il pensait de l'état de Marie.

— Ah! vous voilà, docteur! dit Gustave, le cœur haletant d'émotion... Eh bien! comment va la malade?

— Heu!... heu!... fit M. Mauvières, allongeant les lèvres et secouant la tête d'un air de mauvais augure, je ne sais trop encore. Elle n'est pas bien; elle tousse beaucoup; le pouls est dur, agité; la respiration difficile... Elle commence à se plaindre d'un point de côté... Ça m'a tout l'air d'une pleurésie.

— D'une pleurésie! mon Dieu! s'écria Gustave. Et c'est bien dangereux, n'est-ce pas, docteur?

— Sans doute. Il y a toujours du danger avec ces maladies-là.., surtout pour les personnes aussi délicates que mademoiselle Marie. Ce point de côté m'inquiète... Enfin demain tout sera décidé, et nous saurons au juste à quoi nous en tenir... Adieu, monsieur Gustave; mes respects à votre famille. — Allons la Grise.

Et, docile à ce signal, la jument reprit sa monotone allure.

Quant à Gustave, il resta foudroyé. Le docteur avait disparu depuis longtemps, qu'il était encore à la même place, immobile et la tête penchée sur sa poitrine, entendant toujours ce mot terrible, *pleurésie*, retentir à ses oreilles comme un glas funèbre.

Dans l'après-midi, Gustave retourna à Kervohr. Il trouva la famille Cozic moins effrayée qu'il ne s'y attendait. On le remercia de sa complaisance. Les livres furent aussitôt portés à Marie, qui les réclamait avec instance, bien qu'on lui eût défendu toute espèce de lecture. Tout en répétant à M. Cozic les recommandations dont la mère Sainte-Apolline l'avait chargé pour Marie, Gustave avait, comme par distraction, monté l'escalier avec le bonhomme. Au moment où ce dernier ouvrait la porte de la chambre de ses filles, Kermaës entendit Marie demander « si M. Gustave était déjà reparti pour le château. » Sur la réponse de M. Cozic que M. de Kermaës était sur l'escalier, elle pria son père de laisser un instant entr'ouverte la porte qu'il allait refermer :

— Je vous remercie, monsieur Gustave, cria-t-elle de son lit, en essayant de donner un peu de force à sa voix épuisée par la fièvre et par la souffrance. Veuillez bien présenter mes respects à madame de Kermaës. Dites-lui que mon indisposition n'a rien de grave. Avant longtemps, je pourrai marcher jusqu'au château.

Marianne imposa silence à la petite malade. Gustave redescendit le cœur brisé.

— Il paraît qu'elle a *pris chaud et froid* mercredi dernier, lui dit M. Cozic en le reconduisant. Il faut si peu de chose pour la rendre malade, cette pauvre enfant. Ah ! quelle santé, monsieur Gustave, quelle santé ! J'espère que le bon Dieu nous la conservera. Pauvre petite ! Elle est si gaie, si gentille quand elle se porte bien ! C'est la joie de ma maison, voyez-vous, monsieur Gustave. Enfin !... la volonté du bon Dieu soit faite ! ajouta-il en détournant la tête pour cacher son émotion.

Gustave lui serra la main. Tous deux avaient de grosses larmes dans les yeux.

VII

L'état de Marie ne fit qu'empirer de jour en jour. Lorsque la fièvre eut cessé de lui imprimer ses violentes secousses, elle tomba dans un état de faiblesse et d'épuisement que la mort devait seule terminer. Chaque matin, Gustave allait prendre de ses nouvelles. Une partie de la journée du jeune homme se passait à errer dans les environs de Kervohr. Le reste du temps il s'asseyait, la tête plongée dans ses mains, aux endroits où il avait passé de si doux moments auprès de Marie. Le fidèle Médor accompagnait toujours son maître. Dès qu'on approchait de Ploumaria, il s'élançait dans le taillis, qu'il parcourait en tous sens pour retrouver sa protectrice. Après quelques instants d'inutiles recherches, il revenait tristement se coucher aux pieds de Gustave, lui léchait les mains et le regardait d'un air morne et affectueux, comme s'il eût compris la douleur de son maître. Que de longues heures Gustave passa ainsi, le front appuyé contre un tronc d'arbre, tout à sa tristesse, abîmé dans une sorte d'anéantissement physique et moral dont il aurait voulu ne jamais sortir.

Un jour, en arrivant à Kervohr, il fut tout surpris de rouver Marie à demi-couchée dans un grand fauteuil en tapisserie que madame de Kermaës avait envoyé du château. Combien la jeune fille était changée ! Rien au monde ne saurait rendre la poignante émotion que Gustave ressentit en voyant sa pâleur, ses joues amaigries, ses traits creusés par la souffrance. On eût dit une ombre prête à s'évanouir. Toute la vie semblait s'être réfugiée dans ses grands yeux cernés de noir. Ils paraissaient d'une grandeur démesurée et donnaient un étrange caractère à sa physionomie.

Kermaës fit effort sur lui-même pour dissimuler la douleur qui venait de déchirer son cœur comme un coup de poignard ; mais la jeune fille avait deviné sa pensée. Elle y répondit par la douce résignation de son sourire.

— Vous me trouvez bien changée, n'est-ce pas, monsieur Gustave? dit-elle en lui tendant sa petite main, qui tomba sans force dans la main du jeune homme.

Gustave essaya aussi de sourire et de prendre un air rassuré pour répondre. Il étouffait... Il aurait donné dix ans de sa vie pour pouvoir pleurer en liberté.

— Ah ! monsieur Gustave, dit madame Cozic, aidez-moi donc à gronder cette petite obstinée. Figurez-vous que, cette après-midi. elle s'est mis en tête de se lever et de quitter sa chambre. Il m'a fallu, bon gré, mal gré, céder à ses volontés. Elle avait déjà commencé à s'habiller toute seule. Ça lui a valu un évanouissement qui a duré près d'une heure..... Je vous en prie, grondez-la bien fort de ses imprudences qui nous mettent tous au désespoir.

La pauvre femme avait les larmes aux yeux, en parlant ainsi.

— Tu sais bien, mère, que le docteur a dit ce matin de me laisser faire tout ce qui me plairait, répliqua Marie. Cela me fait penser qu'il m'a aussi autorisée à manger quelques fruits... Si tu étais assez bonne pour m'aller cueillir des pêches, nous en offririons à M. Gustave.

Un regard expressif de Marie arrêta le geste de refus que Gustave allait faire.

— M. de Kermaës me tiendra compagnie pendant ce temps-là, reprit Marie..... Va, je t'en prie, ma petite mère.

La pauvre femme hésita un instant et finit par céder; elle sortit en s'essuyant les yeux. Dès que les deux amants furent seuls, Marie prit la main de Gustave dans les siennes.

— Pourquoi vous être levée aujourd'hui, Marie? lui dit-il. Au moment où vous commencez à vous rétablir, vous exposer ainsi à une rechute!

— Je voulais vous voir, Gustave, reprit-elle avec un ineffable accent de tendresse. Il m'eût été trop pénible de mourir sans vous avoir dit adieu... Oh! n'essayez pas de m'abuser, mon ami, je sais que mon état est désespéré. Je n'ai que bien peu de jours à vivre. Bientôt il ne restera plus rien de votre petite Marie, qui vous aime tant.

Cette fois, le cœur du pauvre garçon se brisa. Malgré tous ses efforts pour se contenir, il se mit à pleurer comme un enfant. Il appuya la main de Marie sur ses lèvres, pour étouffer ses sanglots, mais ce fut en vain.

— Calme-toi, Gustave, dit-elle, tu le vois bien, je suis résignée, moi... Je t'en conjure, ne pleure pas ainsi, tes larmes me font un mal affreux, et je souffre de te voir souffrir... Voyons, ami, approche-toi de moi que j'essuie ces pleurs qui t'empêchent de regarder ta petite Marie.

Il se mit à genoux devant la jeune fille, afin qu'elle pût passer son mouchoir sur les yeux de son ami sans être obligée de lever les bras. La main de la jeune fille vint ensuite se poser sur les cheveux de Gustave, qu'elle s'amusait à lisser tout en parlant.

— Te rappelles-tu, Gustave, reprit-elle, combien de fois tu m'as essuyé les yeux dans notre cher petit bois de Ploumaria, en me grondant doucement de ce que je pleurais sans raison? Tu y vas encore de temps en temps, n'est-ce-pas?

— Oui! bien souvent! lui dit-il. J'y vais chaque jour, aux heures que nous y passions ensemble. J'y reste jusqu'au soir à penser à toi, à me rappeler ce que nous nous disions tous deux. Je ferme les yeux pour te voir, et je te parle comme si tu étais encore là près de moi.

Elle lui serra la main avec émotion... Ils restèrent un instant silencieux,

— Et Médor, reprit Marie, mon fidèle Médor !... Pourquoi ne l'as-tu pas amené avec toi ?

— Il est dans la cour ; je n'ai pas osé le faire entrer à cause de sa turbulence.

— Fais-le venir, je t'en prie. Pauvre Médor, qu'il sera content de me voir !

Gustave courut ouvrir la porte, et Médor, s'élançant d'un bond dans l'appartement, vint se rouler, en aboyant aux pieds de Marie. Elle recevait ses caresses avec une joie enfantine. Le bon animal était comme un fou. Gustave fut obligé de mettre ordre à ses turbulentes démonstrations, dont Marie n'avait plus la force de se défendre.

— Mon pauvre Médor, mon bon chien, disait Marie, tu ne m'as donc pas oubliée ?.. Gustave, veux-tu me donner le sucrier qui est là sur la cheminée ?

Lorsque Médor se fut couché aux pieds de la jeune fille, après avoir croqué deux ou trois morceaux de sucre, elle le montra des yeux à M. de Kermaës :

— Regarde, Gustave, nous voilà encore aujourd'hui, comme nous étions à Ploumaria, assis l'un près de l'autre, avec Médor à nos pieds, ta main dans la mienne, et nos yeux confondant leurs regards... pour la dernière fois, sans doute soupira-t-elle en laissant retomber sa tête sur sa poitrine.

— Pour la dernière fois ! s'écria-t-il, oh! non, non !... Ne te laisse pas aller à de pareilles idées ! Tu es trop jeune, trop belle et trop aimée, pour songer à la mort !

Tu t'effraies à tort de ton état, qui n'a désormais rien de grave. Dès que tu sera rétablie...

— Tu sais bien que je ne me rétablirai pas, Gustave... Mais, comme tu es changé, toi aussi !... tu as maigri... tes yeux sont enflés comme si tu avais passé plusieurs nuits sans dormir.

Gustave porta la main de Marie à ses lèvres et garda le silence.

— Il ne faut pas te désoler, mon ami, continua la jeune fille comprenant la profonde douleur que cachait ce silence... Loin d'envisager la mort avec effroi, je la regarde, moi, comme un bonheur pour tous deux.

— Pour tous deux !

— Oui, Gustave, et c'est peut-être cette pensée qui me fait si facilement me résigner à la volonté du Ciel. Depuis que je suis malade, il me semble que mes idées se sont agrandies. J'ai réfléchi à bien des choses. En songeant à l'avenir, en pensant à la différence de nos positions dans le monde, j'ai compris combien de chagrins nous préparait cet amour qui nous a rendus si heureux jusqu'ici....... Moi, je le sens, je t'aurais toujours aimé... oh oui ! toujours !... mais toi...

— Ecoute, Marie, interrompit le jeune homme avec entraînement, je ne sais ce que l'avenir nous réserve, mais je te jure devant Dieu que, dès que tu auras recouvré la santé, tu seras ma femme bien-aimée.

Marie baisa la main de Gustave avant qu'il pût l'en empêcher, et ses grands yeux se remplirent de larmes.

— Merci, Gustave, dit-elle, merci ! tu viens de me rendre bien heureuse... je sens là que c'est ton cœur qui a parlé. Mais as-tu jamais songé aux difficultés qui se seraient opposées à la réalisation de tes vœux ?... Qui sait d'ailleurs si plus tard tu n'aurais pas rougi de m'avoir offert ton nom ?

— Marie, s'écria-t-il, t'ai-je jamais donné lieu de m'affliger ainsi ?

Elle lui fit signe de la laisser parler.

— J'aime bien mieux mourir maintenant, continua-t-elle avec l'animation de la fièvre, seule dans ton cœur et sûre de ton amour, mourir dans mon pays, dans les bras de ma mère et de ma sœur, peut-être dans ce fauteuil que ta mère m'a donné et sur lequel tu t'es assis bien souvent. Ici, du moins, je reposerai près des lieux où s'est passée mon enfance, près du petit bois où je te voyais chaque jour, près de la grève que nous avons tant de fois parcourue ensemble.

— Marie, lui dit-il en pleurant, par pitié ne parle pas ainsi... laisse-moi espérer encore. Cette affreuse pensée de te perdre pour toujours me rend fou de désespoir.

— Puis, reprit-elle en poursuivant toujours son idée, tu finiras sans doute par revenir dans ce pays. Lorsque tu reverras les endroits où nous avons passé ensemble, mon bras appuyé sur le tien, lorsque tu viendras à Kervohr visiter mes parents, ou qu'en traversant le cimetière, tu apercevras la croix qui portera mon nom, alors du moins, tu penseras à ta petite Marie qui t'aimait de tout son cœur..... Voici ma mère qui revient, interrompit-elle brusquement. Je t'en conjure, Gustave, ne pleure pas devant elle! Ne lui ôte pas la faible espérance qui la soutient encore.

Elle essuya précipitamment les larmes qui remplissaient ses yeux, et se mit à parler avec une feinte gaîté de fleurs et de graines, qu'elle pria Gustave de lui apporter du château pour son parterre.

Au moment où Gustave allait la quitter, elle retint longtemps la main du jeune homme dans les siennes, en la serrant avec une énergie extraordinaire pour son état de faiblesse.

Comme Gustave rôdait le lendemain dans les environs de Kervohr, le son d'une clochette le fit tressaillir. Il monta sur un talus élevé. A cinquante pas de lui, le *recteur*, traversant un sentier, retournait à Trelevern; le prêtre portait le saint viatique.

— Marie se meurt pensa Gustave.

Il voulut la revoir. Toute autre considération disparut à ses yeux. Avant d'avoir eu le temps de se rendre compte de son action, il était dans la chambre de Marie. Toute la famille se trouvait réunie autour du lit sur lequel Marie était étendue, pâle, défaite, sans mouvement. On l'aurait crue morte déjà. Sa respiration était si faible qu'on ne l'entendait plus. Ses yeux fixes et sans expression virent pourtant arriver M. de Kermaës. Un faible sourire entr'ouvrit les lèvres décolorées de la jeune fille.

Sa main qui pendait inerte sur le lit, fit un mouvement pour se lever vers l'officier. S'agenouillant près du lit, Gustave couvrit cette petite main de pleurs et de baisers. Marie balbutia quelques mots dans lesquels Gustave crut reconnaître son nom; puis la jeune fille poussa un soupir, et sa figure reprit son immobilité.

Madame Cozic, effrayée, posa la main sur le cœur de Marie; il ne battait plus : Marie était morte.

Huit ans plus tard, M. de Kermaës, devenu lieutenant-colonel, se faisait tuer en Afrique. Il n'avait jamais voulu se marier. D'après le dernier vœu du mourant, son corps fut transporté en France et enterré dans le modeste cimetière de Trelevern. La moitié de la fortune de Gustave passa aux mains d'un parent éloigné : Marianne Cozic, mariée depuis six ans, eut un legs de quatre-vingt mille francs; son frère, un autre de quarante mille francs; enfin, soixante mille francs furent employés en œuvres de bienfaisance et de piété.

Le nom de Kermaës s'éteignit avec Gustave.

JOHANNES KLAUSS

Pendant un séjour d'une semaine que j'ai fait l'année dernière à Mayence, je me suis amusé à visiter les petites villes et même les villages des environs. Je prenais souvent pour guide un ouvrier menuisier de Mayence, qu'une blessure au bras empêchait depuis quelque temps de se livrer à ses travaux habituels. Un jour que nous revenions du village de Monbach, nous rencontrâmes un joli petit garçon de douze à treize ans, dont la figure me frappa par son expression douce et triste.

— C'est le petit Wilhem, me dit tout bas mon guide, en me poussant le bras ; le fils de Johannes Klauss..... Vous savez bien ?

— Quel Johannes Klauss ?

— Johannes Klauss, de Bieberich... Comment, vous n'avez jamais entendu raconter l'histoire de ce pauvre garçon ?

— Non, lui dis-je en souriant. Vous oubliez que je ne suis à Mayence que depuis six jours.

— C'est vrai, monsieur ; mais tout le monde la connaît à dix lieues à la ronde, cette histoire. Cela a fait tant de bruit dans le pays!

— Racontez-moi donc cela.

— Ah ! monsieur, moi, je ne sais pas raconter. Le maître de votre hôtel, M. Œrling, qui parle si bien français, vous fera ce récit bien mieux que moi.

— Je n'en crois rien. En tout cas, j'aime mieux l'entendre de votre bouche.

— Comme vous voudrez, monsieur. Quant aux détails, je les sais mieux que pas un, car mon frère travaillait avec Johannes au chantier de M. Hernsheim.

— Eh bien, mon ami, entrons dans le jardin de cette brasserie. Je vais faire apporter de la bière, et vous me raconterez votre histoire, tandis que nous nous reposerons.

Voici, dans toute sa naïve simplicité, le récit que me fit le menuisier. J'y ai seulement ajouté quelques détails que me donna mon maître d'hôtel quand je le questionnai en rentrant, pour éclaircir deux ou troi scirconstances que le menuisier n'avait pu m'expliquer bien clairement.

Bieberich est une jolie petite ville jetée sur la rive droite du Rhin, à une demi-lieue tout au plus de Mayence. Les passagers des bateaux à vapeur la reconnaissent facilement au château en pierres rouges qui se dresse à l'une de ses extrémités et que les ducs de Nassau habitent pendant la belle saison.

Un peu en dehors de la ville, du côté opposé au château, demeurait, il y a quelques années, un ouvrier nommé Johannes Klauss. Il travaillait chez le riche marchand de bois Ulrich Hernsheim.

Tous les habitants de Bieberich connaissaient ce digne garçon. Entré tout jeune chez M. Hernsheim, il ne l'avait jamais quitté. Quoiqu'il ne fût guère plus payé que les autres ouvriers, et qu'il n'eût aucun titre officiel pour les commander, c'était lui qui remplissait l'office de contre-maître et dirigeait la construction des piles de bois dans le chantier. Il faisait en outre presque tous les recouvrements de la maison.

Tout autre que Johannes aurait facilement obtenu un salaire plus élevé ; mais le brave ouvrier était trop modeste et trop peu exigeant pour qu'on eût l'idée de lui proposer une augmentation qu'il ne songeait pas à demander.

Certes oui, tout le monde à Bieberich connaissait Johannes Klauss. Quand il passait le soir dans les rues pour regagner son logis, les commères, établies sur le seuil de leurs portes, lui criaient un amical bonsoir. Il leur répondait gaîment sur le même ton. Plus d'une jeune fille de Bieberich se serait volontiers résignée à devenir madame Klauss. Johannes n'avait pourtant d'autre fortune que ses deux bras et sa bonne conduite ; mais la franchise, la bienveillance et la probité se lisaient sur sa physionomie.

Ce n'était pas ce qu'on appelle un beau garçon. Il

avait l'air un peu lourd et sa figure ne brillait ni par la régularité ni par l'intelligence. En revanche, il était grand, solidement bâti et d'une force remarquable. Avec cela, doux, obligeant et timide comme une jeune fille... du temps où les jeunes filles étaient timides.

Si Johannes restait insensible à toutes les agaceries, ce n'était pas qu'il eût l'intention de rester célibataire. Son choix était déjà fait. Pour se marier, il attendait seulement qu'il eût réuni une somme de cinq cents florins que les parents de la future jugeaient nécessaire pour monter le ménage et pourvoir aux dépenses de la noce.

Ce diable de Johannes était si amoureux et si pressé de donner son nom à sa jolie fiancée, Louisa Helling, qu'il se fût volontiers marié tout de suite, quitte à monter le ménage plus tard. On disait même que Louisa ne se fût pas trop fait prier pour y consentir. Mais la vieille Margarett, la mère de la jeune fille, était loin de se montrer aussi accommodante.

Pendant deux ans, Johannes, qui n'était point avare de sa nature cependant, vécut avec une économie qui eût fait rougir le juif le plus juif de tout Francfort.

Il est vrai que Louisa était bien jolie et que tout le monde vantait son caractère, sa vertu et sa piété.

De son côté, la jeune fille aimait tendrement Johannes Klauss. Cet amour semblait d'autant plus doux au cœur du pauvre garçon, que jusque là sa vie s'était écoulée dans un complet isolement. Son père était mort quelques mois après sa naissance. Deux ans plus tard, il avait perdu sa mère.

Un beau jour, les cinq cents florins se trouvèrent enfin complétés, par une gratification inattendue. Johannes les compta plus de dix fois, les serra précieusement dans une grande bourse que Louisa lui avait brodée, et courut chez la mère Helling. Ses pieds ne touchaient pas la terre. Il entra comme un fou, jeta la bourse sur les genoux de la bonne femme, embrassa la vieille Margarett, et pressa sur son cœur Louisa, qui riait et pleurait à la fois. Dans sa joie, Klauss aurait embrassé jusqu'au chien et au chat de la maison, si ces deux animaux, effrayés de sa véhémence, ne s'étaient prudemment réfugiés sous une table.

Une fois le ménage acheté et la noce célébrée, Johannes et Louisa n'eurent plus à mettre en commun que leurs vingt ans, leur amour, leur travail et leurs espérances. Dieu bénit ces modestes éléments de bonheur.

Pendant trois ans, le jeune ménage fut aussi heureux qu'on peut l'être ici-bas. Johannes n'aurait pas changé son sort contre celui du grand-duc de Nassau. Il fallait le voir déployer ses longues jambes, lorsqu'à la fin de sa journée de travail il regagnait la petite maison blanche à volets verts, où l'attendaient sa femme et son fils, le petit Wilhem : il allait comme un cheval de course. En vain l'appelait-on. Il saluait chacun d'un sourire et d'un signe de tête, et galopait de plus belle.

Lorsque quelqu'un l'arrêtait, bon gré, mal gré, pour lui parler d'affaires ou seulement pour le faire enrager, le pauvre diable était à la torture. Il piétinait sur place. Doux et bon comme il l'était, il n'osait ni se dégager ni brusquer les gens, mais il répondait à tort et à travers. Si son interlocuteur avait le malheur de le lâcher seulement une seconde, Johannes prenait sa course. Bien leste qui l'eût rattrapé ! Il arrivait chez lui rouge comme une pivoine et le front ruisselant de sueur. Sa femme le grondait alors. Pour se consoler, il embrassait Louisa tout le temps que durait le sermon de la jeune femme. C'était peut-être à cause de cela que le sermon durait si longtemps. Puis Johannes s'occupait à admirer son héritier. Chez lui, en effet, c'était une véritable occupation. Louisa, qui était fort rieuse, plaisantait souvent son mari à ce sujet ; mais, au fond du cœur, elle partageait complétement l'opinion de Johannes relativement à la supériorité du petit Wilhem sur tous les autres enfants de son âge.

C'était vraiment un plaisir de voir les deux époux se rendre le dimanche dans quelqu'une de ces brasseries entourées de jardins et d'ombrages qu'on rencontre aux environs de toutes les villes allemandes. Louisa, qui était petite et mignonne, se suspendait tendrement au bras de son mari. De l'autre bras, Johannes portait fièrement le petit Wilhem, qui souriait aux passants.

Lorsque par hasard quelqu'un disait en croisant le jeune couple : *Quel joli enfant !* Johannes regardait

Louisa d'un air de triomphe. Il avait des envies folles d'aller serrer les mains de l'honnête passant qui se montrait si bon appréciateur.

— Eh bien ! te voilà satisfait ? lui disait Louisa en riant.

— Tiens, sans doute !... et toi ?...

— Moi aussi, répondait-elle en se haussant sur la pointe des pieds pour embrasser l'enfant qui se jetait à son cou sans quitter les bras de son père.

Quand elle voulait taquiner son mari, elle lui disait que tous les parents trouvaient leurs enfants charmants, fussent-ils laids comme des chenilles. Johannes prenait la chose au sérieux. Quoiqu'il ne fût pas bavard de sa nature, il pérorait alors comme un avocat, et se mettait à détailler toutes les perfections de son fils avec une animation incroyable. Quand il était bien lancé, Louisa l'interrompait par un éclat de rire ; puis elle lui sautait au cou et se moquait de lui ; alors le brave garçon riait de tout son cœur et bénissait Dieu de lui avoir donné une petite femme si gentille et si gaie.

Mais le bonheur n'est pas de longue durée.

Un jour, Louisa tomba malade. A peine rétablie, elle voulut se remettre à travailler comme d'habitude ; elle eut une rechute ; quinze jours après, on la portait en terre.

On crut que Johannes deviendrait fou.

Lorsqu'en revenant du cimetière il entra dans la petite maison dont la présence de Louisa avait fait pour lui un paradis, lorsqu'il sentit toute la profondeur du vide que la mort de sa pauvre femme laissait dans son cœur et dans sa vie, il eut un accès de désespoir qui effraya ses amis. Il repoussa leurs consolations et voulut rester seul. Il s'assit sur la chaise de Louisa, près de la fenêtre où la jeune femme se mettait d'habitude pour travailler. Le lendemain, comme il refusait d'ouvrir, ses voisins, effrayés pour lui, allèrent chercher sa belle-mère qui demeurait auprès de Castel, à une demi-lieue environ de Bieberich.

On trouva Johannes dans la même position où il était resté la veille au soir. Depuis plus de vingt-quatre heures, il n'avait ni bu ni mangé. La belle-mère qui avait emmené à Castel le petit garçon, alors âgé de deux ans, le mit silencieusement dans les bras du pauvre ouvrier.

— Il faut vivre pour ton fils et travailler pour le nourrir, dit-elle simplement à Johannes.

Le lendemain, Klauss retourna au chantier; mais ce n'était plus le même homme. Il travaillait machinalement... Son corps seul était à la besogne. Il avait laissé le reste au cimetière de Louisa. A la longue cependant, il reprit, en apparence, son train de vie ordinaire, mais il ne retrouva jamais ni sa gaîté ni son gros rire si communicatif et si franc.

Il aurait bien voulu que sa belle-mère vînt demeurer avec lui pour élever Wilhem; malheureusement cela ne se pouvait pas. Margarett était vieille et cassée; puis elle avait à soigner un autre enfant qui occupait tout son temps : c'était son mari, pauvre vieillard infirme auquel les années avaient enlevé la raison, et qui ne souffrait autour de lui ni enfant ni étrangers.

Heureusement pour Klauss, une voisine qui avait soigné Louisa pendant les derniers jours de la maladie de la jeune femme, prit pitié de lui et de son fils.

Cette voisine était veuve, sans enfants, et demeurait porte à porte avec Klauss. Sans que rien eût été convenu entre elle et l'ouvrier, Martha Richter continua, comme du temps de la maladie de Louisa, à venir chaque jour préparer le repas de Johannes et soigner l'enfant. Pendant les absences de l'ouvrier, elle emportait Wilhem chez elle, et veillait sur lui comme l'eût fait une mère.

Deux ou trois fois, elle ne put ou ne voulut pas venir. Alors Johannes mangeait son pain tout sec et restait à garder son enfant au lieu de se rendre au chantier. Lorsque Martha arrivait le lendemain, il l'accueillait comme d'habitude avec la bonté triste et distraite qui faisait désormais le fond de son caractère. Il ne lui parlait même pas de l'embarras dans lequel il s'était trouvé par suite de son absence.

Il aurait bien voulu faire un arrangement avec la voisine, et obtenir que, moyennant une petite redevance, elle consentît à se charger régulièrement de ce qu'elle faisait chaque jour par complaisance. A diverses reprises, il avait essayé d'attaquer cette corde. Chaque fois Martha s'était fâchée. Elle avait même cessé de venir pendant plusieurs jours ; aussi Johannes s'était-il bien gardé désormais d'aborder cette question.

Martha Richter, veuve d'un forgeron de Bieberich, jouissait d'une petite fortune de trois à quatre mille florins que lui avait laissée son mari.

Durant la maladie de Louisa, elle avait été mieux que personne à même d'apprécier toutes les bonnes qualités du digne Johannes. Quoique plus âgée que lui de quelques années, elle s'était mis en tête de l'épouser. Elle n'eut garde de parler de son projet. Elle savait bien qu'on se serait moqué d'elle ; mais elle poursuivit son idée avec la lenteur, la patience et l'âpreté d'une paysanne. Au bout d'un an, elle commença à laisser entrevoir à Johannes qu'elle serait disposée à partager sa fortune avec quelque honnête garçon. Klauss approuva de la tête ce que lui disait la veuve, mais ce fut tout. L'idée qu'on le supposât capable de se remarier ne s'était même pas présentée à son esprit. Martha revint plusieurs fois à la charge ; mais le résultat fut toujours le même. Sans se décourager, la veuve s'occupa de mettre dans ses intérêts les amis de Johannes, et même la belle-mère de Klauss. Celle-ci voyait en effet, dans ce mariage, une petite fortune presque assurée pour son petit-fils.

Lorsque l'entourage de Klauss fut bien préparé, Martha résolut de frapper les grands coups.

Un jour, elle arriva chez Johannes tout en pleurs. Pressée de questions par l'ouvrier, elle lui raconta avec force sanglots que les mauvaises langues du quartier commençaient à jaser sur leur compte à tous deux. Elle passait maintenant pour la maîtresse de Johannes. Elle était perdue de réputation... Tout cela pour n'avoir écouté que son bon cœur en rendant service à des voisins dans la peine, et en venant soigner un pauvre orphelin. La conclusion de ces jérémiades fut que Martha ne pourrait plus désormais diriger la maison de Klauss ni s'occuper du petit Wilhem. Le pauvre Johannes resta atterré. Il voulait rosser les mauvaises langues, porter plainte au magistrat, etc. Bref, il proposait tous les moyens possibles d'accommodement, excepté le mariage. Naturellement alors Martha repoussait tout, se lamentait de plus belle et maintenait sa résolution.

Nous ne dirons pas toutes les perplexités par lesquelles passa l'infortuné Johannes. L'unique sujet de ses préoccupations, c'était Wilhem.

Dans la journée, quelques amis vinrent le voir. Il leur fit part de son embarras. Tous le poussèrent vivement à ce mariage. Ils le lui présentèrent comme un devoir envers son fils. Sa belle-mère, la vieille Margarett, arriva aussi le lendemain sous prétexte de voir le petit Wilhem. Elle fut encore plus pressante que les amis de Johannes et lui fit un crime de son hésitation.

Klauss était une de ces bonnes et honnêtes natures qui se défient toujours d'elles-mêmes, et cèdent d'autant plus volontiers aux conseils de leurs amis, qu'il s'agit d'un sacrifice à accomplir.

Deux mois plus tard, Martha, triomphante, s'appelait madame Klauss.

On dit que, le jour des noces, le nouveau marié avait l'air si triste dans l'église qu'il semblait assister plutôt à un enterrement qu'à un mariage. De cruels et doux souvenirs gonflaient son cœur, et de grosses larmes roulaient à chaque instant dans ses yeux. Au sortir de l'église, Martha humiliée le lui reprocha avec un peu d'aigreur. Il s'excusa timidement.

Avec deux caractères comme celui de Johannes et celui de Martha, il n'était pas difficile de prévoir quel serait le vrai chef du ménage. Indifférent à tout ce qui se passait chez lui, excepté à ce qui concernait Wilhem, Johannes laissa sa femme diriger et commander en maîtresse absolue. Il lui obéissait comme un enfant.

Pour ceux qui ne connaissaient pas Johannes et ignoraient la profonde douleur cachée sous cette apparente indifférence, c'était un spectacle amusant de voir cette petite femme à la voix criarde gronder et quereller cet homme grand et fort... et cela, pour des bagatelles, pour une tache à son gilet ou pour un bouton de moins à sa veste.

Comme la plupart des êtres faibles, Martha usait sans ménagement de son pouvoir. Elle n'était pas méchante au fond ; mais, tout en aimant sincèrement son mari, elle le tourmentait du matin au soir. Tout autre que Johannes se fût révolté : lui, se soumettait sans murmurer, bien convaincu que tous les torts devaient être de son côté.

Sur un seul point, Martha vit échouer son pouvoir : malheureusement, c'était le point qui lui tenait le plus au cœur.

Quoique Johannes lui eût franchement avoué au moment de leur mariage qu'il n'aimerait jamais personne comme il avait aimé la pauvre Louisa, elle avait conservé l'espoir de remplacer la défunte dans le cœur comme dans la maison de Klauss. A la fin cependant et malgré les illusions si puissantes de l'amour-propre, il lui fallut s'avouer qu'elle n'y parviendrait jamais.

Cette déception, toujours sensible au cœur d'une femme, contribua peut-être un peu à rendre Martha plus exigeante et plus acariâtre. La soumission absolue de Johannes à tous ses caprices, la reconnaissance profonde et l'amitié sincère qu'il lui témoignait, tout cela ne suffisait pas à Martha. Ainsi que bien des femmes, elle eût été aux genoux d'un homme qui, tout en lui donnant de justes sujets de plaintes, aurait eu besoin de se les faire pardonner par quelques cajoleries ou quelques tendres paroles. Lorsqu'une femme du caractère de Martha s'est mis en tête d'obtenir l'amour d'un homme, elle préférerait encore sa haine à son amitié, qu'elle regarde comme de l'indifférence. Il faut avant tout qu'il s'occupe d'elle, fût-ce pour la battre.

Le petit Wilhem ressentait un peu le contre-coup de tout cela. Martha lui portait cependant cette affection quasi maternelle qu'une femme éprouve presque toujours pour l'enfant qu'elle a élevé. Si Johannes avait moins follement adoré son fils, Martha eût été la première à gâter le petit garçon. Elle s'impatientait souvent contre l'enfant, le grondait à tort et à travers, et faisait un monstre de ses moindres fautes, par cela seul que Johannes s'évertuait à justifier son fils, lors même que Wilhem était tout à fait dans son tort. Si Johannes, au contraire, avait montré un peu de sévérité, Martha, cédant à sa réelle affection pour l'enfant, aurait bravement bataillé pour empêcher qu'on ne le grondât.

Au fond de tout cela, peut-être y avait-il aussi un peu de jalousie. Martha sentait bien qu'en Wilhem, Johannes aimait non-seulement son fils, mais le fils et l'image de Louisa.

Klauss ne vivait désormais que pour cet enfant : c'était son idole, sa seule pensée. Depuis la mort de Louisa, l'ouvrier ne se préoccupait plus de sa propre toilette. Si Martha n'y avait mis bon ordre, il serait sorti le dimanche avec sa casquette de travail et ses habits troués. Mais, pour Wilhem, il ne trouvait rien d'assez beau. Cela faisait l'objet de maintes discussions entre sa femme et lui. Martha était un peu avare ; puis il faut bien avouer que Johannes s'y prenait maladroitement. Au lieu d'exprimer franchement son désir, le pauvre père n'osait présenter à sa femme les demandes qu'il avait à faire pour Wilhem qu'avec des détours incroyables.

Le digne Johannes n'avait su de sa vie ni mentir ni

dissimuler. Dès les premiers mots, Martha devinait son projet. Elle s'impatientait alors des ruses du pauvre père et faisait de l'opposition. Johannes pliait comme toujours, mais il revenait bientôt à la charge, après s'être creusé la cervelle pour trouver quelque moyen de présenter la question sous un nouveau jour.

Dans bien des ménages, on voit de pauvres mères déployer des trésors d'imagination pour justifier, auprès d'un père avare ou mécontent, les folies ou les exigences de quelque enfant prodigue. Dans la maison de Klauss, les rôles étaient intervertis. Johannes était la mère indulgente, Martha le père grondeur.

Notez bien cependant qu'avec tout cela, Martha gâtait l'enfant presque autant que son mari. Elle se faisait prier pendant huit jours pour acheter à Wilhem des objets indispensables de dix kreutzers (sept à huit sous); puis, un autre jour, à brûle-pourpoint, elle apportait à l'enfant pour deux ou trois florins de bagatelles dont il n'avait que faire.

Quoique Martha mît parfois la patience de son mari à de rudes épreuves, Johannes ne s'était jamais emporté sérieusement contre elle qu'une seule fois. Il s'agissait naturellement de Wilhem. Dans un mouvement d'impatience, Martha avait poussé un peu rudement le petit garçon qui refusait de lui obéir. Wilhem tomba sur le coin d'une table et s'écorcha la figure. Comme l'enfant saignait beaucoup, Klauss se figura qu'il s'était grièvement blessé. Il s'élança vers lui ; et, dans un mouvement de colère, il leva la main sur sa femme.

— Sur votre vie, Martha, s'écria-t-il, ne frappez jamais cet enfant !

Quoiqu'il se fût arrêté au geste, il avait dit cela avec un tel accent de colère et de menace, que Martha en resta toute saisie et se mit à pleurer.

Malheureusement, il arriva un accident qui courba plus que jamais le pauvre Klauss sous le joug de sa femme. En revenant un soir de Manheim, il se laissa voler un sac contenant 800 florins qu'il avait touchés le matin même pour le compte de Martha. Dans son désespoir, le pauvre ouvrier se serait jeté à l'eau s'il n'avait été retenu par la pensée de son fils.

Il resta plus de deux heures à rôder autour de sa maison avant d'oser y rentrer. Jamais voleur, à son début, comparaissant pour la première fois devant un juge d'instruction, n'eut l'air plus abattu, plus honteux, plus effrayé que ne l'était Johannes, lorsqu'il lui fallut raconter à Martha le malheur qui venait de lui arriver. Il en eut la fièvre pendant huit jours. Il avait l'air si désespéré, que Martha en eut pitié et ne gronda pas beaucoup ; mais ses gémissements et ses lamentations étaient pour Klauss des reproches aussi douloureux que les plus cruelles injures. Dieu sait d'ailleurs combien de fois ces malheureux 800 florins servirent de massue pour écraser le pauvre Johannes ! Il ne pouvait jamais proposer la moindre dépense pour son fils sans que Martha ne s'écriât :

— Ah ! si je n'avais pas perdu ces 800 florins, j'aurais pu, etc.

Alors Johannes rougissait et baissait la tête.

Un dimanche matin, dans les premiers jours du mois de juillet, Klauss, en manches de chemise et accoudé sur la table, déjeunait avec de la bière et du fromage. Il se disposait à partir pour Wiesbaden. La veille au soir, son patron l'avait chargé d'aller y toucher le montant d'une facture de 400 florins, due par le menuisier qui travaillait au Kursaal ou Casino.

A côté de lui, Martha, debout devant une armoire, préparait les vêtements du dimanche de Johannes. Le reste de la semaine elle les tenait sous clef, et cela, non sans motif. Un certain jour que Johannes avait vainement bataillé afin d'obtenir une veste neuve pour Wilhem, et s'était vu repousser avec perte, il avait secrètement donné au tailleur sa propre redingote, une redingote toute neuve, en beau drap bleu. Le tailleur en avait tiré un costume complet pour Wilhem. Je laisse à deviner les reproches qu'avait reçus le pauvre père. Il s'en était consolé en admirant la bonne mine qu'avait le petit Wilhem dans son nouveau costume, et il avait bravement continué à porter son vieil habit.

Tandis que Martha brossait à tour de bras les vêtements qu'allait mettre son mari, ce dernier s'aperçut que Wilhem pleurait silencieusement dans un coin.

— Qu'as-tu donc, Wilhem ? lui demanda-t-il.

— Rien, rien, se hâta de répondre Martha. Déjeune donc tranquillement.

— Alors pourquoi pleure-t-il ? demanda Johannes, voyant que l'enfant éclatait en sanglots.

— Parce que monsieur est un petit volontaire, fit Martha avec impatience, un petit vaurien qui mériterait d'être fouetté... parce qu'il veut... Mais mange donc, toi... mange donc ! Tu es là le nez en l'air à me regarder, et puis tu vas arriver trop tard au chemin de fer.

— Mais non, mais non... dis donc ce qu'il veut.

— Commence d'abord par te rasseoir.

Johannes se hâta d'obéir.

— Eh bien ! reprit-il, dès qu'il fut assis.

— *Eh bien !* dit-elle en le contrefaisant... mais mange donc, mange donc, au lieu de rester là les bras balants à me regarder... Dès qu'il s'agit de ce vaurien, tu perds la tête.

Johannes prit un morceau de fromage et se mit docilement à manger; mais ses yeux ne quittèrent pas la physionomie de sa femme.

— Eh bien ? dit-il encore.

— Eh bien, répondit enfin Martha, ce petit drôle ne s'est-il pas fourré dans la tête d'avoir une paire de bottes !... à son âge et dans notre position, je te demande un peu !

— Friedrich, le fils du charron, et Frantz Gothold, le fils du barbier, en ont bien tous les deux, s'écria Wilhem de son coin.

Doué d'une charmante figure et d'une précoce intelligence, cet enfant était malheureusement d'une constitution faible et délicate. La moindre chose le rendait malade. Cela contribuait à le rendre exigeant et volontaire. Il abusait un peu de l'aveugle tendresse de son père.

— Écoute donc, Martha, dit tout bas le bon Johannes, si le petit du charron a des bottes...

— Ta, ta, ta, fit-elle, le charron est riche, lui.

— Oui, mais le barbier...

— Le barbier, le barbier... si le barbier a envie de se mettre sur la paille, nous ne sommes pas forcés de l'imiter.

— D'abord mes souliers sont trop étroits et me font mal aux pieds, reprit l'enfant en pleurant.

— Entends-tu, Martha? dit Johannes tout attendri; ses souliers lui font mal aux pieds.

— Mais non, mais non! répondit-elle en haussan les épaules. Comment peux-tu croire de pareilles sornettes?

— Cependant, Martha...

— Il n'y a pas de *cependant* qui tienne. Veux-tu donc nous réduire à la mendicité, afin de satisfaire les caprices de ce petit mauvais sujet? Tiens, voilà la clef de mon armoire alors... Prends tout, jette tout par la fenêtre!... Nous faisons de si bonnes affaires, n'est-ce pas?... Au surplus, quand on a perdu huit cents florins de gaîté de cœur, qu'est-ce que cela fait d'en dépenser une centaine de plus!... Ah! malheureuse que je suis... Pourquoi ai-je mis le pied dans cette maudite maison?

Elle commença à pleurer.

— Voyons, ma bonne Martha, je t'assure...

— Laisse-moi, laisse-moi... voilà la clef, te dis-je... vends tout, vends les meubles, vends la maison pour acheter des toilettes de prince à ton fils!... Faut-il que je te donne aussi mes bijoux et mes robes pour les vendre à son profit? Mon Dieu! mon Dieu! que je suis donc malheureuse!

Et Martha se remit à sangloter de la meilleure foi du monde tandis que Wilhem pleurait à l'autre bout de la chambre.

Le pauvre Johannes en perdait la tête. Il courait de l'un à l'autre et faisait de son mieux pour les calmer. Ainsi qu'il arrive toujours en pareil cas, plus il se donnait de mal, moins il réussissait. Il parvint cependant à apaiser Wilhem en lui promettant de l'emmener à Wiesbaden. De guerre lasse, Martha se calma aussi et vint s'asseoir à côté de son mari. Le pauvre homme suait à grosses gouttes et s'essuyait le front, plus fatigué de cette petite scène qu'il ne l'eût été de six heures de travail au chantier.

La trêve ne fut pas de longue durée. Dès que Johannes parla de son intention d'emmener Wilhem à Wiesbaden, l'orage recommença.

— C'est cela, s'écria Martha, tu vas emmener ce petit vaurien pour le récompenser sans doute de son tapage de ce matin. Jolie manière de l'élever! Et moi je resterai à garder la maison comme une servante.

— Viens avec nous, répondit Johannes.

— Pour payer une place de plus et augmenter encore

les dépenses, reprit-elle du même ton... Non, je n'irai pas... Et qui paiera la place de Wilhem, s'il vous plait ?

— Il paiera avec sa petite bourse, dit Johannes d'un ton conciliant, avec l'argent que sa grand'mère lui a donné l'autre jour.

— Oui, sa grand'mère, reprit-elle en haussant les épaules, sa grand'mère ou d'autres qui n'osent pas l'avouer? Me prends-tu donc pour une imbécile avec tes sottes histoires! D'ailleurs, parles-en de cet argent!... un florin et demi!... On va loin avec cela!... Tu lui donnes de jolies habitudes de dépense à cet enfant... Enfin après tout, c'est votre affaire à tous deux... Comme on fait un lit, on se couche... Il ne le saura que trop tôt... et moi aussi malheureusement.

Tout en se lamentant ainsi, Martha déshabillait l'enfant, le nettoyait et faisait sa toilette avec un singulier mélange de soins et d'impatience, d'affection et de brusquerie. Elle lissa les jolis cheveux blonds de Wilhem, lui noua coquettement sa petite cravate bleue, et finit par l'embrasser en le grondant de ce qu'il ne tenait pas la tête droite. Quant au petit garçon, il souriait en dessous avec cette expression de satisfaction sournoise, particulière aux enfants gâtés dont l'obstination vient de remporter une victoire.

Les deux coudes appuyés sur la table, Johannes admirait silencieusement son fils.

— Allons, dépêche-toi, lui dit Martha, tu vas manquer le convoi.

Il acheva de s'habiller, embrassa sa femme et se mit en route avec Wilhem.

Pendant les huit à dix minutes que dura le trajet de Bieberich à Wiesbaden, Klauss fut le plus heureux des hommes. Tenant debout sur ses genoux Wilhem qui regardait par la portière, il jouissait de la joie de l'enfant et s'émerveillait de ses exclamations et de ses reparties.

Le père et le fils se rendirent à pied de la station du chemin de fer à la maison de conversation ou Casino. Il faisait une chaleur étouffante. Néanmoins Wilhem marchait gaillardement sur les talons de son père. Il avait un petit air si décidé, si gentil, que plusieurs personnes se retournèrent en souriant pour le regarder. Le cœur de Johannès s'épanouissait en entendant les éloges qu'on donnait à son fils.

Il commença par se rendre chez le menuisier débiteur de son patron, et toucha les quatre cents florins. Johannes, qui était l'homme du monde le plus obligeant, avait à diverses reprises rendu plusieurs petits services à cet ouvrier, l'une des bonnes pratiques de M. Hernsheim. Le menuisier profita de l'occasion pour donner à Johannes une gratification de deux florins et lui fit boire une ou deux bouteilles de vin.

Le départ du convoi pour Bieberich et Mayence n'ayant lieu qu'à cinq heures quarante-cinq minutes, Johannes profita du temps qui lui restait pour faire une promenade dans le parc avec son fils. La nouveauté des objets qu'il avait sous les yeux amusa l'enfant et l'empêcha d'abord de sentir la fatigue qu'il commençait à éprouver. Bientôt cependant, cette fatigue prit le dessus. Ainsi qu'il arrive presque toujours aux enfants en pareil cas, Wilhem refusa d'avouer qu'il était fatigué, mais il devint maussade et grognon. Il traînait les pieds et se plaignait à tout propos. Son idée de bottes ne tarda pas à lui revenir en tête. Faute de meilleur prétexte, il recommença ses lamentations à ce sujet : « Mon soulier me fait mal ! » répétait-il à chaque minute.

— Veux-tu que je te porte? répondait le pauvre père tout désolé.

— Non, je ne veux pas... Je veux marcher... mais mon soulier me fait mal... Je veux des bottes comme Friedrich et Frantz.

Dans l'espoir de calmer l'enfant, Johannes le ramena devant le Casino. Une foule de baigneurs et de baigneuses assis sur des bancs, entre la pièce d'eau et le salon, écoutaient la musique qui venait de commencer. Pour que Wilhem pût se reposer, Johannes demanda une bouteille de bière, et s'assit à une petite table placée tout près de la fenêtre de la salle de jeu. Au bout de cinq minutes, Wilhem, brisé de fatigue et de sommeil, recommença ses jérémiades. Johannes s'agenouilla devant le petit démon, lui ôta les malheureux souliers, y passa les mains et les visita en tout sens. En moins d'une demi-heure, il déchaussa et rechaussa son fils plus de dix fois. Rien n'y fit. Wilhem lui démontra, clair comme le jour, qu'une paire de bottes pouvait seule le guérir.

— Mais, mon ami, lui dit enfin le pauvre père, c'est aujourd'hui dimanche ; les boutiques de cordonnier ne sont pas ouvertes.

— Si, si ! s'écria le petit drôle. Là bas, sur la place, avant les colonnes, moi j'ai vu une boutique ouverte... et il y avait des bottes à la fenêtre.

— Elles seront trop grandes pour toi.

— Non, je te dis ; il y en avait de toutes petites.

Et de pleurer de plus belle en se tordant sur sa chaise, comme s'il avait eu le pied dans un étau.

A ce moment, trois messieurs sortirent du salon de jeu. Ils causaient et riaient bruyamment. L'un d'eux faisait sauter dans ses mains une poignée de *Frédérics* d'or et de doubles florins.

— Combien gagnes-tu ? lui demanda un de ses amis.

— Onze ou douze cents florins au moins, répondit-il.

— Et tu es *parti* de combien ?

— D'un florin.

— Tu as gagné tout cela avec un florin ?

— Ma foi oui... mon dernier, mon cher... Je l'ai mis sur la rouge, qui a passé huit fois. Puis j'ai continué. Allons au restaurant, je vous invite à dîner, et nous boirons du champagne glacé.

En Allemagne, où l'on a d'excellents vins naturels du Rhin, on leur préfère de détestables contrefaçons de Champagne.

Il s'éloigna en faisant résonner l'or qui gonflait ses poches. Johannes suivit des yeux le fortuné joueur en enviant, ou plutôt en admirant son bonheur, car l'envie était un sentiment inconnu au cœur du brave ouvrier.

Pendant ce temps, Wilhem, grimpé sur une chaise, regardait dans la salle de jeu. Il appela son père pour jouir du spectacle. Il y avait trop de monde réuni autour de la table pour que l'enfant pût bien voir ce qui se passait sur le tapis vert. De temps en temps seulement, lorsqu'un joueur quittait sa place, Wilhem apercevait un coin de la table couvert d'or et d'argent, et quelquefois un disque brillant qui tournait entre six individus armés de petits râteaux.

— Je veux aller voir dans le salon! s'écria Wilhem.

Klauss n'avait jamais d'autre volonté que celle de son fils. Il suivit l'enfant. Oublieux de son prétendu mal de pied, Wilhem traversa en courant le grand salon et entra dans la salle de jeu. Son père le prit dans ses bras pour qu'il pût voir par-dessus les joueurs. Bien que Johannes ne compîrt pas grand'chose aux péripéties de la roulette, le tableau qu'il avait sous les yeux l'intéressait vivement. Le tintement de l'or, le froissement des billets de banque, l'indifférence apparente avec laquelle certains joueurs perdaient des sommes énormes, ou amassaient devant eux des monceaux d'or, la fébrile agitation de quelques autres, l'impassibilité des croupiers et leurs monotones refrains, tout cela finit par étourdir, par griser le pauvre Johannes et par lui donner une sorte de vertige. Chaque jour, on en voit de plus forts que lui succomber à pareille épreuve.

Il remarqua plusieurs joueurs qui arrivaient à gagner quarante à cinquante florins, et même davantage, en débutant par un seul florin. Cela le fit songer aux deux florins qu'il venait de recevoir. Sa femme ignorait l'existence de cet argent, et ne lui en demanderait pas compte. Avec ces deux florins, avec un seul peut-être, il pouvait gagner de quoi acheter ces malheureuses bottes que son fils désirait si vivement. Il suffisait pour cela de trois coups heureux.

Dès que cette idée fut entrée dans la tête du pauvre ouvrier, elle n'en sortit plus. Bientôt il ne fut arrêté que par la timidité qui l'empêchait d'avancer le bras pour déposer sa mise sur le tapis. Il lui semblait que tout le monde avait les yeux sur lui. Vingt fois, il mit la main à sa poche, en retira le florin, et l'y laissa retomber.

— Voulez-vous que je passe votre argent ? dit à Johannes un vieux monsieur, assis devant lui, qui avait une de ces bonnes et honnêtes figures, comme on en rencontre si souvent en Allemagne.

Klauss rougit jusqu'au blanc des yeux et donna son florin au vieux monsieur.

— Où faut-il le placer ? demanda ce dernier.

— Là, dit Johannes, en désignant d'une main tremblante la case de l'*impair*, qui se trouvait la plus près de lui.

Ce fut le n° 17 qui sortit. Johannes avait gagné. Il retira son argent. Encouragé par ce premier succès, il risqua encore un florin, et gagna une seconde fois.

— Si je laissais ces deux florins, pensa-t-il, et si je gagnais, cela m'en ferait quatre. Avec cela et les deux qui me restent, j'aurais presque de quoi acheter les bottes de mon pauvre Wilhem.

— Laissez-vous ? lui demanda le vieux monsieur avec cette politesse bienveillante qu'on ne trouve plus que chez les vieillards.

— Oui... non... murmura le pauvre Johannes tout indécis.

— *Rien ne va plus*, dit à ce moment un des croupiers, dont la voix monotone trancha forcément la question.

On amena le n° 30. Johannes avait perdu. Il passa la main sur son front baigné de sueur, et risqua l'un des deux florins qui lui restaient. Il gagna encore, laissa tout et reperdit. Pendant sept ou huit minutes, il joua ainsi sur ces deux malheureux florins. Plusieurs fois, il se vit à la tête de quatre florins ; mais, par une sorte de fatalité, il ne put jamais dépasser ce chiffre. Ces alternatives furent un malheur pour Johannes ; il eût mieux valu cent fois qu'il eût tout perdu dès les premiers coups : l'enivrement, la fièvre terrible du jeu, n'auraient pas eu le temps de s'emparer de lui. Au bout d'un quart d'heure, le pauvre ouvrier avait complétement perdu la tête. Le sang bourdonnait à ses oreilles, rougissait ses yeux et gonflait les veines de son front.

Comme un homme emporté dans un tourbillon et déjà complétement étourdi, Klauss était maintenant entraîné par une impulsion qu'il ne sentait plus. Par malheur pour lui, il avait disséminé dans ses poches l'argent qu'il venait de toucher pour son patron. A un moment donné, alors qu'il croyait encore jouer sur son gain, il perdait déjà neuf ou dix florins. Lorsqu'il se rendit compte de son action, le mal était fait. Il avait déjà vidé à demi la poche de son gilet, dans laquelle il avait mis une centaine de florins. Une sueur froide couvrit le corps du malheureux ouvrier ; il devint pâle comme un mort. Que faire ? que devenir ?

— Une chance heureuse peut encore tout réparer, se dit-il.

Il perdit complétement la tête et continua à jouer. Sa figure se décomposait de plus en plus : il faisait mal à voir. Il se mordait les lèvres à en faire jaillir le sang ; son œil, démesurément ouvert, suivait d'un air égaré chaque tour de la bille d'ivoire qui indique le numéro gagnant. De temps en temps, comme pour se donner du courage, il embrassait l'enfant endormi dans ses bras. Une fois, au moment où se décidait un coup important, il serra involontairement, avec tant de force, les mains du pauvre enfant, que Wilhem poussa un cri. Quelques joueurs se retournèrent en grommelant. Il n'y a rien au monde de plus intolérant, de plus irascible qu'un joueur.

L'enfant s'était déjà rendormi. Johannes le porta sur un canapé et revint à la table de jeu.

Au bout de deux heures, il s'aperçut qu'il ne lui restait plus qu'un florin. Il crut s'être trompé ; il fouilla précipitamment dans toutes ses poches ; il n'y trouva qu'un demi-florin et quelques kreutzers. Ce malheureux florin, son dernier espoir de salut, prolongea encore son agonie de plus d'un quart d'heure. Enfin il fut emporté comme le reste par le fatal râteau des croupiers.

Johannes resta immobile, l'œil toujours fixé sur la table de jeu. Il était comme pétrifié. Aucune idée ne se formait dans son cerveau. Un cercle de fer semblait étreindre son front. Personne ne faisait, du reste, attention à lui.

A ce moment, Wilhem se réveilla : il se frotta les yeux, regarda autour de lui, et se glissa auprès de son père.

— Gagnes-tu, papa ? lui demanda-t-il.

Rappelé à lui-même par cette voix enfantine, le pauvre homme prit le petit garçon et le serra contre sa poitrine en levant les yeux au ciel avec une expression impossible à décrire.

— Pauvre enfant ! murmura-t-il d'une voix étouffée.

— Silence, donc ! crièrent quelques joueurs ; on ne doit pas laisser entrer d'enfants ici.

Johannes prit son fils dans ses bras et s'éloigna. Il se trouva dans la rue sans savoir comment il était sorti. Machinalement, il se dirigea vers la station du chemin de fer. Par bonheur, il avait pris des billets d'*aller* et de *retour ;* il monta dans un wagon de troisième classe et prit sur ses genoux Wilhem, qui s'était rendormi ; puis, appuyant sa tête contre la portière, il tâcha de rassembler ses idées.

Au bout de quelques minutes, il releva brusquement la tête en faisant le geste d'un homme qui vient de prendre un parti désespéré. Au lieu de descendre à l'embranchement de Bieberich, il continua jusqu'à Castel. C'était là que demeurait la vieille Margarett Helling, la mère de la pauvre Louisa.

La bonne femme resta toute surprise en voyant arriver son gendre et son petit-fils.

Elle fut frappée de l'altération des traits de Johannes.

— Est-ce que tu es malade ? lui demanda-t-elle.

— Moi ?... non.

— Qu'as-tu donc, alors ?

— Rien... mère... rien du tout.

— Tu as la figure toute décomposée.

— C'est la fatigue, la chaleur. J'ai beaucoup couru à Wiesbaden, voyez-vous ; le petit aussi est fatigué, il faudrait le coucher un peu. Je vais revenir le prendre tout à l'heure.

— Où vas-tu ?

— Mon patron m'a donné une commission pour le chef d'un de ces trains de bois qui sont amarrés à côté du pont. Ayez bien soin de l'enfant jusqu'à mon retour, mère.

— Sois tranquille, va, mon garçon, répondit la vieille femme. Pauvre chérubin ! continua-t-elle en installant Wilhem sur son lit, est-il joli !... Il dort de tout son cœur, le pauvre petit ange... Comme il ressemble à sa mère, mon Dieu !

Elle se mit à pleurer. Johannes, que les sanglots étouffaient depuis longtemps, ne put se contenir davantage. Il se laissa tomber sur une chaise, appuya son front contre la muraille et sanglota comme un enfant. De grosses larmes ruisselaient entre ses doigts. Margarett crut que cette profonde douleur était causée par le souvenir de la mort de Louisa.

— Ah ! tu l'aimais bien, mon pauvre garçon ! dit-elle ; mais le bon Dieu vous a trouvés trop heureux pour ce monde... Tu la reverras là-haut, Johannes. Pour moi, Dieu merci, je serai près d'elle avant toi.

— Qui sait ? fit Johannes d'un ton singulier.

Il s'approcha du berceau et embrassa l'enfant, dont il n'avait pas le courage de s'éloigner.

— Tu vas l'éveiller, dit la vieille femme en tirant Johannes par le bras ; laisse-le donc.

— Vous en aurez bien soin, n'est-ce pas ? reprit le pauvre père. S'il m'arrivait malheur, vous ne l'abandonneriez pas ?

— Non, certes ! s'écria la vieille femme. Mais pourquoi me dis-tu cela ?

— Pour rien, mère Helling... dame... dans notre état... vous savez... enfin... un malheur peut arriver à tout le monde... au moment où l'on y pense le moins...

— C'est égal... mon garçon... tu as quelque chose qui te tracasse.

— Quelle idée!... Voyons, mère, laissez-moi vous embrasser... et lui aussi, encore une fois.

Il tint longtemps ses lèvres appuyées sur le front de son fils et partit en se couvrant la figure de ses deux mains.

— Pauvre garçon! dit la vieille femme en le suivant des yeux, il ne se consolera jamais de la mort de sa femme!... Il n'avait pas déjà la tête très-forte... j'ai grand'peur qu'il ne finisse par la perdre tout à fait.

Tandis que Margarett murmurait ces paroles en se rasseyant près du lit sur lequel dormait son petit-fils, Johannes se dirigeait à grands pas du côté du fleuve. Il entra dans une brasserie et se mit à écrire à sa femme. Dès qu'il eut terminé sa lettre, il paya sa modeste dépense et sortit de la brasserie. Il alla jeter sa lettre à la poste et se dirigea vers le pont de bateaux qui joint Castel à Mayence.

Il faisait déjà nuit. A quelque distance du rivage, une douzaine de lumières brillant à la surface du fleuve révélaient la présence de quelques trains de bois mouillés à ces endroits.

Ces trains, composés d'un nombre considérable d'arbres, de madriers, de planches, etc... viennent de la Suisse. Quelques-uns descendent le Rhin jusqu'en Hollande. D'autres se vendent par portions aux diverses stations du trajet. Leur équipage se compose généralement de quinze à vingt robustes compagnons. Tout ce monde descend fort rarement à terre et habite dans les cabanes ou chalets en bois, construits à l'arrière de leur immense radeau.

Il y avait une demi-heure environ que Johannes était monté sur ce train de bois, quand un charpentier, qui était venu chercher sur le rivage un outil qu'il avait oublié en quittant son travail, entendit non loin de lui le bruit d'un corps tombant à l'eau. Malgré l'obscurité, il aperçut confusément quelque chose qui flottait sur la surface du fleuve et qu'emportait le courant. La rapidité du Rhin à cet endroit et l'heure avancée de la nuit ne permettaient guère de supposer qu'un homme fût assez imprudent pour se baigner en ce moment. Aucun cri ne parvenait cependant à l'oreille du charpentier. Il lui semblait seulement distinguer de temps en temps l'écume blanchâtre que faisaient jaillir les mouvements précipités d'un homme se débattant à la surface de l'eau. Il se jeta dans un batelet. L'embarcation était amarrée au rivage. Tout en essayant de dénouer les liens qui la retenait, il cria de toutes ses forces pour appeler l'attention des hommes qu'à la lueur d'un falot il apercevait sur le train de bois. Ils répondirent enfin à son appel. Trois d'entre eux montèrent sur un de leurs bateaux et firent force de rames dans la direction qu'indiquait le charpentier.

Pendant plus de deux heures, ils explorèrent en tous sens les eaux rapides et profondes du fleuve. De temps en temps, ils poussaient de bruyantes clameurs dans l'espoir que quelque cri leur répondrait et leur indiquerait la position exacte du malheureux qui se noyait. Tout fut inutile. Ils ne virent ni n'entendirent rien.

— Est-ce qu'il ne manque aucun de vos hommes? leur demanda le charpentier lorsqu'ils revinrent sur le train.

Ils se comptèrent du regard. Tous se trouvaient réunis.

— Personne ne manque, répondit le chef.

— Il m'a semblé pourtant que c'était de dessus votre train que cet homme était tombé à l'eau, fit le charpentier.

— Je parie, s'écria l'un des rameurs, que c'est ce pauvre Johannes qui est venu nous parler tout à l'heure de la part de son patron. Je crois qu'il était ivre... Nous n'avons pas compris un mot de ce qu'il nous a dit... Il aura marché sur le train sans regarder devant lui et sera tombé à l'eau... Pauvre garçon !... C'était un vigoureux compagnon et une honnête créature...

Quelques jours plus tard, des mariniers de Bingen trouvèrent sur le rivage, non loin d'Erbach, un cadavre qu'on ne tarda pas à reconnaître pour celui du malheureux Johannes Klauss.

On fit prévenir Martha qui arriva aussitôt. Les investigations auxquelles la justice se livre toujours en pareille circonstance ayant fait connaître que Johannes avait touché une somme de 400 florins le jour même de sa mort, et cette somme ne se retrouvant pas sur le cadavre, on crut d'abord à un crime. Martha fut naturellement la première personne qu'on interrogea. Lorsqu'elle vit le magistrat décidé à commencer une enquête, elle lui présenta en pleurant la dernière lettre de Johannes, celle que le pauvre ouvrier avait écrite dans la brasserie de Castel.

Voici cette lettre, à laquelle malheureusement la traduction enlève beaucoup de sa touchante simplicité :

« Ma chère Martha,

» Je te demande bien pardon de tous les chagrins que » je t'ai causés. Je ne t'ai pas rendue heureuse comme » tu méritais de l'être. Il ne faut pas trop m'en vouloir. » En m'enlevant ma pauvre Louisa, je crois que le bon » Dieu m'avait enlevé mon cœur et mon bon sens. J'ai » commis aujourd'hui une grande faute, un crime que » ma mort seule peut expier. J'ai joué et perdu les 400 » florins que j'avais touchés pour mon patron. M. Hernsheim aurait le droit de me faire arrêter et condamner » comme un voleur. Je ne veux pas laisser à mon pauvre petit Wilhem un nom déshonoré. Je vais me noyer. » J'aurai soin que ma mort ait l'air d'un accident. On » croira que l'argent est tombé à l'eau avec moi. Si » pourtant on venait à soupçonner à tort quelque innocent, il faudrait montrer cette lettre. C'est déjà trop » pour le repos de mon âme d'être obligé de mentir » ainsi à l'heure de ma mort et de faire tort de ces 400 » florins à M. Hernsheim, qui s'est toujours montré si » bon pour moi. Si tu pouvais lui rembourser cet ar-

» gent, il me semble que cela tranquilliserait un peu ma » conscience ; mais je t'ai déjà perdu une si forte somme, » que tu ne pourras peut-être pas faire ce nouveau sa- » crifice.

» Je te recommande mon pauvre petit Wilhem. Je » t'en prie, sois douce et indulgente pour lui. Je sais » bien que tu l'aimes ; mais le pauvre petit est si chétif » et si délicat, qu'on ne peut le traiter comme les autres » enfants de son âge. Parle-lui souvent de moi. Dis-lui » que je l'aimais bien. Ne lui apprends jamais la vérita- » ble cause de ma mort. Songe que ce sont les dernières » prières d'un mourant que je t'adresse en ce moment. » Tâche de faire donner un peu d'instruction à Wilhem » et de le mettre dans une école où on ne le brusque pas » trop. Il faudra veiller aussi à ce que ses petits camara- » des ne le battent pas.

» Adieu, Martha ; que Dieu me pardonne ce que je » vais faire !

» J'ai laissé Wilhem chez sa grand'mère : pauvre pe- » tit ange ! Aie bien soin de lui et ne le gronde pas trop » souvent. Le pauvre enfant a bon cœur. Quand il sera » grand, son affection te récompensera.

» Que Dieu vous bénisse et vous protége tous les » deux ! »

Lorsqu'il eut achevé cette lettre, le magistrat la rendit à Martha en s'essuyant les yeux.

— Pauvre malheureux ! murmura-t-il.

— J'ai rendu les 400 florins à M. Hernsheim, dit la

veuve dont la figure était baignée de larmes. Avec ce qui me reste, j'élèverai Wilhem. Je dois bien cela à mon pauvre Johannes. C'était la plus honnête et la meilleure créature qui fût au monde, monsieur. Et si doux, si bon, si complaisant ! Maintenant qu'il n'est plus là, je me reproche quelquefois de lui avoir parlé trop rudement. Dieu m'est témoin pourtant que je l'aimais bien ! Tout cela ne serait pas arrivé s'il avait eu confiance en moi ; mais son cœur était ailleurs.

La douleur avait transformé cette femme si commune et si acariâtre. Elle parlait avec une touchante simplicité et une profonde émotion qui attendrirent le magistrat. Il lui promit de garder le secret sur les véritables causes du malheur qui venait de la frapper.

La mort de Johannes passa d'abord pour un accident; mais, peu à peu, la vérité se fit jour, ainsi qu'il arrive le plus souvent en pareille circonstance. Le dernier vœu du pauvre ouvrier ne put pas même être exaucé.

— Voyez-vous, monsieur, me dit le narrateur en terminant, cela prouve bien qu'on ne gagne rien à désobéir aux volontés de Dieu. La Providence qui défend le suicide ne pouvait permettre que celui de Johannes produisît un bon résultat. Et pourtant je vous assure que le pauvre garçon méritait plus d'indulgence que tout autre, car il n'avait plus la tête à lui, il était comme fou, lorsqu'il s'est jeté à l'eau.

LÉOPOLD

DE KERNYS

I

Parmi les jeunes gens que je rencontrais presque tous les jeudis aux soirées de notre ami Henry de C..., se trouvait un de mes compatriotes nommé Léopold de Kernys.

Sa figure était aussi bretonne que son nom. Déjà chauve, quoiqu'il n'eût pas plus de vingt-six ou vingt-sept ans, pâle et maigre de visage, d'une santé évidemment attaquée, il était de ces hommes dont on peut dire, au hasard et à coup sûr, qu'ils ont l'air plus vieux que leur âge, sans savoir exactement leur âge.

Son regard franc et hardi, mais toujours un peu triste, donnait quelque chose de sympathique à sa physionomie. A bien le regarder cependant, il était laid, mais sans rien qui dût repousser ou seulement déplaire.

C'était plutôt chez lui absence de beauté que réelle laideur. L'ensemble de sa figure ne manquait même pas d'une certaine distinction naturelle et modeste. Il parlait peu et lentement. Sa voix était très-douce. S'il s'était laissé aller plus souvent à s'animer, nous lui aurions tous bien vite reconnu un esprit original et beaucoup de cœur. Il fumait du matin au soir, ne jouait jamais, ne buvait guère et ne riait que du bout des lèvres. Comme M. de Kernys ne se faisait ordinairement remarquer ni en bien ni en mal, on prenait d'autant moins attention à lui que lui-même se préoccupait fort peu des autres. Nous savions par Henry que de Kernys appartenait à une bonne famille du Morbihan, et qu'il était sans fortune. Tous nos renseignements se bornaient là; nous n'en demandions pas d'autres. Il se livrait peu et ne parlait jamais de lui. Bien qu'il vécût en bonne intelligence avec tout le monde, nous ne lui connaissions aucun ami intime.

Nos réunions du jeudi étaient nombreuses et se prolongeaient d'habitude fort avant dans la nuit.

Tandis que nos compagnons jouaient, riaient et buvaient du punch ou du vin chaud dans la grande pièce, je prenais souvent le parti de me retirer pour me reposer au fond d'un petit salon voisin. M. de Kernys avait la même habitude que moi : la plupart du temps, nous restions à côté l'un de l'autre sans nous parler. Quelquefois cependant, nous nous mettions à causer. Comme cela arrive presque toujours à ceux qui causent à l'écart, en tête-à-tête, non loin d'un joyeux tumulte, nos conversations roulaient d'elles-mêmes sur des sujets plutôt tristes que gais.

Malgré cette sympathie, et quoique Bretons tous les deux, nous ne nous étions jamais fait de visite, lorsqu'un matin, tandis que je travaillais dans ma chambre, j'entendis frapper à ma porte.

— Entrez, dis-je sans me retourner.

Mon visiteur n'était autre que M. de Kernys. Il prit un siége et s'assit à côté de mon bureau, après les formalités d'usage.

— Vous travaillez? me dit-il en regardant une douzaine de feuillets déjà couverts de cette indéchiffrable écriture qui fait le désespoir de mes amis. Vous êtes bien heureux de savoir vous occuper, vous.

— Pourquoi?

— C'est si triste de n'avoir rien à faire comme moi, et surtout de ne savoir et de ne pouvoir rien faire!

— On peut toujours se créer une occupation.

— Lorsqu'on est arrivé à un certain âge sans avoir jamais travaillé, cela devient bien difficile.

— C'est l'affaire de quelques semaines de courage.

— Mon éducation première a été si négligée qu'il me faudrait deux ou trois ans d'études préliminaires avant d'être capable de me livrer à aucun travail utile... et je n'ai pas dix mois à vivre.

— Quelle idée!

— J'ai une maladie de cœur..... mais laissons cela.

Je viens vous demander un service, un grand service.

— En quoi puis-je vous être utile?

— Je n'ai ni parents, ni amis, et j'ai besoin d'un témoin.

— Pour un duel?

— Non, pour mon mariage. J'ai songé à vous. J'ai pensé qu'en qualité de compatriote, je n'ose dire d'ami, vous consentiriez à me rendre ce service, malgré ce que vous me disiez jeudi dernier de votre aversion pour les rôles de parrain, de témoin, etc.

— Ah, oui!... Franchement, si vous pouviez trouver un autre témoin, j'aimerais mieux cela.

— Henry est parti avant-hier pour Nancy. Votre refus me mettrait, je l'avoue, dans un cruel embarras.

— Alors j'accepte.

— Merci.

— Mais votre autre témoin?

— C'est le capitaine Duromel. Vous le connaissez, je crois?

— Certainement. Il est du même département que moi. Un excellent homme, qui porte gaillardement ses neuf blessures et ses soixante ans.

— Il a servi avec mon père.

— Faites-vous un beau mariage? denandai-je.

— Oui, me répondit-il d'un air triste et glacé, qui contrastait singulièrement avec le sens de sa réponse... très-beau pour moi surtout, qui n'ai absolument rien. Ma future, mademoiselle Henriette de Seneuil, jouit déjà de sept à huit mille francs de rente. A la mort de M. de Seneuil, son père, qui s'est remarié, elle aura encore une centaine de mille francs.

— Je vous fais mon compliment de grand cœur. Quel âge a-t-elle?

— Dix-sept ans.

— Jolie?

— Charmante.

— Aimable?

— Je crois qu'elle doit l'être.

— Ah! vous croyez? fis-je en riant.

L'accent triste et découragé avec lequel il me donnait tous ces renseignements si agréables pour un fiancé, m'étonnait de plus en plus.

— Ainsi c'est un mariage d'inclination? repris-je en regardant M. de Kernys, qui restait tout pensif, le front appuyé sur la paume de sa main.

Il secoua tristement la tête.

— Vous plaisantez, me dit-il. Je ne me fais pas illusion, croyez-le bien; et je sais que je n'ai rien de ce qu'il faut pour plaire à une femme... C'est un mariage de convenance, ajouta-t-il avec un singulier sourire.

— Vous n'aimez donc pas mademoiselle de Seneuil?

Il poussa un soupir et ne répondit pas. Il se leva brusquement comme pour éviter de nouvelles questions.

— On signe le contrat demain soir, me dit-il. Voulez-vous me permettre de venir vous chercher? Nous prendrons le capitaine en passant.

— Soit. A quelle heure dois-je vous attendre?

— A neuf heures.

— C'est entendu. Je serai prêt.

Il fit quelques pas pour sortir; puis il revint vers moi.

— Tenez, me dit-il, je sens que cette corvée doit vous contrarier beaucoup. Croyez bien que je vous en suis d'autant plus reconnaissant de votre obligeance.

Il me serra la main avec une certaine émotion et sortit à grands pas.

Le lendemain, à neuf heures précises, il arrivait chez moi. Nous allâmes chercher le capitaine Duromel, et nous nous rendîmes ensemble chez M. de Seneuil.

Ce dernier habitait le second étage d'une fort belle maison de la rue Caumartin. C'était un homme de quarante-cinq à cinquante ans, qui avait dû être fort beau dans sa jeunesse. Sa figure, peu intelligente, me sembla-t-il, portait des traces de dureté et d'orgueil. Il nous accueillit avec une grande politesse, mais une politesse toute de forme, dépourvue de franchise et de bienveillance. Madame de Seneuil était jeune encore et fort jolie, malgré un embonpoint un peu exagéré et la petitesse de ses yeux, qu'on eût dits percés avec une vrille. Son regard acéré, ses lèvres pincées et le son de sa voix étaient si sensiblement en désaccord avec son amabilité excessive, que la future belle-mère de Léopold me déplut souverainement au premier coup d'œil. Deux petites filles, l'une de sept ans, l'autre de cinq, nées du second mariage de M. de Seneuil, étaient auprès de leur mère. Toutes deux ressemblaient en mal à madame de Seneuil. Elles se tenaient déjà roides et guindées comme de vieilles Anglaises.

Malgré l'accueil empressé, trop empressé même, qu'on fit à Kernys, je fus frappé de la contrainte qui existait entre Léopold et sa nouvelle famille. Le beau-père et le gendre semblaient éviter de se regarder, comme s'ils eussent éprouvé l'un pour l'autre une égale répulsion.

Quelques minutes après notre arrivée, mademoiselle de Seneuil fit son entrée. Elle était vraiment belle. Sa beauté avait surtout un caractère tout particulier qui me frappa. Je ne crois pas avoir jamais rencontré chez aucune jeune fille un contraste aussi prononcé que celui qui existait entre la physionomie de mademoiselle de Seneuil et chacun de ses traits pris isolément. Une épaisse torsade et deux grosses nattes suffisaient à peine à contenir ses magnifiques cheveux noirs. Son front, un peu bas, manquait d'ampleur, mais il se terminait par des sourcils dignes des cheveux. De larges cils noirs, légèrement relevés, assombrissaient encore le bleu foncé de ses grands yeux, dont le blanc même était légèrement nuancé de reflets bleuâtres. On aurait pu reprocher à son nez d'être un peu trop arqué, mais ses narines roses et fines semblaient prêtes à palpiter à la moindre émotion. Grande et un peu maigre, cette jeune fille avait dans sa démarche et dans sa tournure quelque chose de roide et de saccadé qui rappelait M. de Seneuil. On me dit que la mère d'Henriette était espagnole.

Par un contraste singulier, avec cette figure méridionale et ces traits dont chacun semblait formé pour exprimer la passion, mademoiselle de Seneuil avait une physionomie glaciale. On eût dit une statue. Bien qu'elle fût évidemment intimidée, sa bouche n'eut pas un seul de ces sourires, ravissants d'embarras et de pudique confusion, qui donnent tant de charme aux jeunes fiancées. On voyait au contraire qu'elle se roidissait contre son émotion. Elle semblait indignée contre elle-même de la rougeur qui couvrait ses joues et du tremblement involontaire de sa voix. Sans me l'expliquer, je crus voir comme une nuance de défi et presque de mépris dans le regard glacial par lequel mademoiselle de Seneuil répondit au salut de Léopold. Ce dernier, dont j'épiais la physionomie au moment où la jeune fille entra dans le salon, me parut éprouver une certaine émotion, mais ce ne fut qu'un éclair. Au regard glacé d'Henriette, il répondit par un regard tout aussi froid, tout aussi indifférent.

— Ah çà, sommes-nous ici pour un mariage ou pour un enterrement? me dit à l'oreille le vieux capitaine. Quels singuliers amoureux que ceux-ci!

II

J'avoue que je partageais l'étonnement du capitaine. C'est tout au plus si j'étais satisfait d'avoir accepté mon rôle de témoin. Les yeux de M. de Kernys rencontrèrent les miens. Il devina sans doute ce qui se passait en moi, car il m'adressa un regard presque suppliant comme pour me demander de prendre patience et de ne pas le juger trop mal.

Le notaire arriva ; on commença la lecture du contrat. Il ne contenait aucune disposition remarquable. On reconnaissait au futur un apport de dix-huit mille francs. Léopold m'ayant dit, la veille, qu'au moment où son mariage avait été décidé, il était en train d'entamer son dernier billet de cinq cents francs, je vis que c'était un avantage qu'on lui accordait. Je trouvai ce chiffre un peu mesquin. Cette disposition parut aussi causer une certaine surprise à mademoiselle de Seneuil : mais je ne pus savoir si elle s'étonnait de la clause en elle-même ou de la modicité du chiffre. Quant à Léopold, sa physionomie resta impassible. Je remarquai seulement que ses regards, fixés en apparence sur une glace, ne quittaient pas mademoiselle de Seneuil.

La soirée fut peu animée. Chacun semblait mal à l'aise. A peine les deux fiancés causèrent-ils ensemble. M. de Seneuil, ayant connu un de mes oncles, me parla beaucoup de lui. M. Duromel vint se joindre à notre entretien. La politique se mit de la partie, et nous discutâmes toute la soirée sur l'alliance anglaise et sur la guerre avec la Russie.

Je dois dire que j'ai rarement rencontré un homme aussi dépourvu de bon sens, aussi partial, aussi obstiné et en même temps aussi faible de caractère que M. de Seneuil. Sa femme me parut, en revanche, fort intelligente, mais très-impérieuse. Je compris qu'elle devait être au logis la maîtresse absolue et gouverner son mari le mieux du monde.

A minuit, M. Duromel et moi, nous partîmes avec Léopold. Puis M. de Kernys vint me ramener chez moi.

— J'attendais avec impatience le moment de causer seul avec vous, me dit-il. J'ai remarqué la fâcheuse impression que vous a laissée notre visite chez M. de Seneuil. Je suis sûr qu'au fond du cœur, vous vous êtes repenti d'avoir accepté votre rôle de témoin.

— Ecoutez, lui dis-je, je serai franc. Un moment, j'ai éprouvé ce regret...

— Et maintenant ?

— Maintenant, non. Je crois qu'il y a dans votre mariage un mystère que je ne puis ni ne veux pénétrer : mais je suis persuadé qu'il n'a rien de contraire à l'honneur et à la délicatesse. En un mot, j'ai confiance en vous.

Il me prit et me serra les mains.

— Vous ne sauriez croire quel bien me font vos paroles, me dit-il : je ne puis cependant abuser de votre obligeance. Si vous l'exigez, je suis prêt à vous mettre au courant de tout.

— Si je l'exige !... Ce qui veut dire que vous ne le ferez qu'à contre-cœur ?

— Je l'avoue ; si ce secret ne concernait que moi, je vous jure que je n'hésiterais pas un seul instant ; mais... enfin, voyez... Si vous le voulez, je vais tout vous dire.

Je le regardai fixement ; de grosses gouttes de sueur perlaient sur son front. Il devait horriblement souffrir.

— Je ne veux rien savoir, lui dis-je ; j'aime mieux m'en rapporter au sentiment que j'ai de votre loyauté.

Je vis une larme briller dans ses yeux.

— Vous êtes bon, me dit-il. Quoi que vous entendiez raconter par la suite, ne me condamnez pas trop vite et ne vous en rapportez pas aux apparences.

Il pencha la tête sur sa poitrine, et nous arrivâmes chez moi sans qu'il eût prononcé une seule parole.

Le lendemain eut lieu le mariage. Mademoiselle de Seneuil avait les yeux bien rouges ; évidemment elle avait beaucoup pleuré. Elle se roidissait contre son émotion. Comme un écolier qui cache sa timidité sous un air effronté, elle gâtait à plaisir l'expression de ses beaux traits par un air de hauteur et de dureté. Ses parents l'observaient, non pas avec sollicitude, mais avec une sorte d'anxiété. On eût dit qu'ils redoutaient quelque coup de tête. Quant à Léopold, il me parut profondément triste. Son regard, continuellement fixé sur mademoiselle de Seneuil, exprimait l'intérêt et une sorte d'affectueuse compassion. Par moments même, il me semblait y lire un sentiment plus vif et plus tendre ; mais, dès que mademoiselle de Seneuil levait les yeux sur lui, il détournait les siens, et reprenait sa physionomie indifférente et glacée. Cependant il ne tarda pas à s'apercevoir que les invités remarquaient avec surprise la tenue des deux époux. Il fit un effort sur lui-même et causa gaîment avec deux ou trois personnes ; puis il s'approcha de mademoiselle de Seneuil, qui feuilletait un album d'une main distraite. Je l'entendis lui dire à voix basse :

— De grâce, observez-vous ; on nous remarque.

— Que m'importe ? répondit-elle avec indifférence.

Elle eut pourtant égard à l'observation de Léopold. Tous deux causèrent quelque temps à l'écart. Quelques mots, que j'entendis en passant auprès d'eux, me prouvèrent que leur conversation roulait sur des sujets complétement étrangers à leur mariage.

Peu de temps auparavant, nous dit-on, M. de Seneuil avait perdu un de ses parents. Le deuil, que la famille portait encore, avait servi de prétexte pour restreindre les invitations. Il n'y eut pas de bal. Une douzaine de personnes, tout au plus, assistaient à la cérémonie religieuse ainsi qu'au dîner.

Pendant la soirée, je causai quelques instants avec madame de Kernys ; notre entretien roula presque entièrement sur Léopold, bien qu'elle fît son possible pour détourner la conversation de ce sujet, que je mettais toujours sur le tapis avec la ténacité d'un Breton. Il me fut aisé de voir qu'elle éprouvait pour son mari une sorte d'aversion, je dirai presque de mépris, qui m'effraya profondément pour tous deux. Je fis l'éloge de Léopold et je m'évertuai à le présenter sous le jour le plus favorable. Elle m'écoutait silencieusement et d'un air incrédule. La plupart du temps, elle ne me répondait que par un sourire ou plutôt par un mouvement de lèvres dédaigneux ou railleur, qui ne prouvait que trop le peu de succès de mon éloquence. Elle finit par m'impatienter et je m'éloignai d'assez mauvaise humeur. Malgré tout, cependant, au lieu de me laisser un sentiment désagréable comme sa belle-mère, cette jeune femme m'inspirait un intérêt involontaire. Il me semblait, je ne sais trop pourquoi, que cette affectation de scepticisme et de froideur ne servait qu'à masquer un cœur bon et aimant.

Les invités se retirèrent de bonne heure. M. Duromel et moi nous suivîmes le torrent. Lorsque je pressai la main du marié pour lui dire adieu, je lus sur son visage une telle expression de tristesse, que je sortis le cœur serré.

Quelques jours après, des affaires de famille m'obligeant à partir pour la Bretagne, j'allai faire une visite aux nouveaux mariés et prendre congé de Léopold. Il était malade et alité. Son médecin, M. Nariaud, que je connaissais pour l'avoir vu souvent chez Henri de C..., était assis au chevet de Léopold et me parut en train de le gronder.

— Parbleu ! me dit M. Nariaud, vous arrivez fort à propos pour m'aider à quereller votre obstiné compatriote. Vous voyez dans quel état le voilà... Des palpitations épouvantables ! Figurez-vous qu'il a gagné cela chez Bertrand.

— A la salle d'armes ?

— Eh oui ! Il y passe sa vie. Berniol, que vous connaissez, m'a dit que M. de Kernys y faisait des reprises de deux heures... à se tuer, enfin !... Il est convenu lui-même que c'est cela qui l'a rendu malade. Eh bien ! quand je lui demande de renoncer à sa maudite escrime, il me répond que c'est impossible. Si je n'étais obligé, en ma qualité de médecin, d'avoir une patience à toute épreuve, je ne sais ce que je lui dirais. Je vous laisse ensemble : si vous avez quelque influence sur sa maudite tête bretonne, usez-en. Moi, je donne ma démission.

Il nous serra la main, moitié riant, moitié grondant, et s'en alla.

— Comment se porte madame de Kernys ? demandai-je à Léopold.

— Bien, je suppose, me répondit-il.

— Serait-elle absente ?

— Non : tenez, ajouta-t-il en entendant le roulement d'une voiture, la voilà probablement qui rentre. Ayez donc l'obligeance de regarder.

Je courus à la fenêtre, et je vis, en effet, madame de Kernys descendre d'un coupé de remise. Je prolongeai ma visite, espérant que la jeune femme viendrait au moins savoir des nouvelles de son mari, mais il n'en fut rien.

— Quand partez-vous? me demanda Léopold lorsque je me levai pour sortir.

— Mercredi.

Nous étions alors au lundi.

— Si je ne craignais d'abuser de votre complaisance, je vous prierais de me rendre un service.

— Parlez.

— Vous connaissez le village de Fontenay!

— Fontenay-aux-Roses?

— Oui ; dans une petite maison, sur le côté droit de la route, à une vingtaine de pas au delà du village, demeure un paysan nommé Jean Gournaud. Il servait chez mon père, et sa femme a été ma nourrice. A la mort de mes parents, ces bonnes gens sont venus se fixer auprès de Paris. Tous les malheurs les ont écrasés à la fois. Ils ont d'abord perdu le peu d'argent qu'ils avaient mis de côté. Puis le mari a eu la jambe brisée par une charrette. Quant à la femme, elle est infirme depuis longtemps. Maintenant ils sont dans une affreuse misère et je les soutiens autant que je puis. J'ai là diverses choses que je désirerais bien leur envoyer : je les ferai porter chez vous. Rendez-moi le service d'aller usqu'à Fontenay voir ces braves gens. Dites-leur bien que mon mariage et ma maladie m'ont seuls empêché d'aller les visiter. Ce sont les seuls êtres au monde qui aient un peu d'attachement pour moi.

Il se détourna pour me cacher son émotion et me fit un geste d'adieu.

Le lendemain matin de bonne heure, je reçus un paquet et une lettre à l'adresse de Jean Gournaud. Je m'empressai de les porter à Fontenay.

III

Jean Gournaud et sa femme avaient deux bonnes et honnêtes figures. Ils me parurent extrêmement misérables, mais pleins de courage et de résignation. Ils me parlèrent de Léopold avec une profonde affection et les armes aux yeux.

— Pauvre enfant ! me dit la vieille femme, a-t-il été malheureux dns sa vie, celui-là !... Son père a tout mangé et sa mère est morte de chagrin. Si vous saviez comme il est bon et généreux ! Sans lui, nous serions mort sde faim l'hiver dernier. Quand je pense qu'il est venu à pied de Paris à Fontenay par la neige et par la glace pour me voir pendant que j'étais malade et m'apporter quelque argent. Pauvre gars ! C'est un péché que des cœurs d'or comme ça ne soient pas aussi riches qu'ils le méritent.

Tout en parlant, elle défaisait le paquet. Elle en retira des vêtements, du sucre, du café, du tabac, d'autres petites provisions de ce genre et quatre pièces de cinq francs. Les deux vieillards étaient dans le ravissement.

— Voyez-vous, monsieur, me disait la vieille femme, ce n'est pas tant pour la valeur de ce qu'il nous envoie que je suis contente.... quoique ce soit beaucoup... mais c'est pour l'attention... Il pense à tout, mon petit Léopold, depuis le tabac de mon mari jusqu'à mon café.

Le père Gournaud ayant brisé ses lunettes dans son empressement, je fus obligé de lire la lettre de M. de Kernys. Elle était vraiment charmante de délicatesse et de bonté.

« J'aurais voulu vous envoyer davantage, disait-il en terminant. Ne croyez pas que je vous aime peu, si je ne vous envoie guère. Je ne suis pas beaucoup plus riche qu'avant mon mariage. Soyez tranquilles cependant, mes chers amis. Dieu merci, votre sort maintenant est assuré. Si je viens à mourir, je n'aurai pas du moins le chagrin de vous laisser sans ressources. »

La mère Gournaud se mit à pleurer; son mari aussi; et pour mon compte, l'affection de ces bonnes gens pour Léopold, et tout ce qu'ils me racontèrent de lui, redoublèrent encore l'intérêt que m'avait toujours inspiré M. de Kernys.

Le ton un peu triste de la lettre de Léopold, l'annonce de sa maladie, et surtout ce mot: *Si je mourais*, avaient mis martel en tête à la mère Gournaud. Il lui semblait déjà que son *enfant* devait être en danger de mort. Bientôt, s'animant peu à peu par ses propres réflexions et par celles de son mari, elle vit Léopold sur le point d'expirer. J'essayai de calmer la brave femme, mais il n'y eut pas moyen d'y parvenir.

— Je veux aller le voir, s'écria-t-elle.

Après avoir fait inutilement tous les efforts dont j'étais capable pour la rassurer et pour la détourner de son projet, je finis par me laisser convaincre. Je me dis que la présence de ces braves gens ferait peut-être du bien à Léopold, dont le cœur paraissait profondément triste et ulcéré. Quant à madame de Kernys, il me semblait que, si elle se rencontrait avec les Gournaud, tout ce que ceux-ci lui diraient de Léopold ne pourrait qu'exercer une heureuse influence sur les rapports des deux époux.

La conclusion de ce raisonnement fut que j'offris aux deux vieillards de les conduire chez Léopold dans la voiture qui m'avait amené à Fontenay. Un quart-d'heure après, nous partions pour Paris.

En arrivant chez Léopold, je laissai les Gournaud dans le coupé et je montai le premier pour annoncer leur arrivée à mon compatriote. Il me parut surpris et embarrassé. Il me sembla cependant qu'au fond du cœur il était heureux de la visite de ces braves gens. Il envoya son domestique pour les aider à monter l'escalier. Ce n'était pas chose facile pour des infirmes de gravir deux étages ; mais, avec le bras du domestique et le mien, ils en vinrent à bout. Je les quittai à la porte de la chambre de Léopold : la présence d'un étranger aurait pu les gêner. Puis, en route, il m'était venu une idée : c'était d'aller voir madame de Kernys et de faire tout ce qui dépendrait de moi pour qu'elle se rendît chez son mari, de manière à rencontrer les deux vieillards.

Je trouvai madame de Kernys seule et lisant un ouvrage qui me parut être un roman. Elle me reçut poliment, mais froidement. Sans me laisser déconcerter, j'amenai la conversation sur Léopold, et je trouvai moyen de raconter ma visite à Fontenay. Madame de Kernys m'écouta d'abord avec cet air sceptique et ennuyé qu'elle s'efforçait toujours de donner à sa physionomie. Peu à peu, cependant, et quoiqu'elle se roidît contre son attendrissement, je crus voir que mon récit lui causait une certaine émotion. La conversation changea deux ou trois fois de sujet ; mais, par une pente insensible, elle revenait toujours à Fontenay. Il me sembla que madame de Kernys cherchait adroitement à connaître l'adresse exacte des Gournaud. Je la lui fis attendre quelque temps, afin de bien me convaincre des petites ruses qu'elle employait pour l'obtenir sans me la demander ouvertement. Je mis en usage toute ma diplomatie pour amener la jeune femme à faire en ce moment une petite visite à son mari ; mais, sur ce point de la négociation secrète que j'avais entamée, j'échouai complétement.

Je quittai Paris sans avoir revu les Kernys. Lorsque je revins, au bout de trois mois, mon concierge me dit que M. de Kernys était venu plusieurs fois demander si j'étais de retour. Le lendemain, vers cinq heures, Léopold entra chez moi au moment où je sortais pour me rendre chez lui. Mon portier l'avait sans doute prévenu de mon arrivée.

— Avez-vous quelque chose de pressé à faire ce soir? me demanda-t-il après quelques minutes d'une conversation insignifiante.

— Non, répondis-je.

— Alors je m'empare de vous, et je vous emmène dîner. De là, je vous conduis au spectacle... J'ai une loge pour un petit théâtre du boulevard... une première représentation, un début... un drame ténébreux ;... nous rirons.

Il me dit cela d'un ton si singulier que je ne pus m'empêcher de le regarder fixement. Il était toujours aussi pâle, aussi maigre et aussi triste. Seulement, ses yeux brillaient d'un éclat singulier. Il y avait dans sa physionomie une animation inusitée à laquelle je trouvai quelque chose de fiévreux et presque de sinistre.

— Madame de Kernys se porte bien ? demandai-je.

— Oui... nous sommes toujours dans les mêmes termes, ajouta-t-il en lisant sur ma figure la question que j'hésitais à lui faire... A propos, lui avez-vous parlé des Gournaud ?

— Oui.

— J'en étais sûr, dit-il avec une sorte de satisfaction.

— Comment cela ?

— Quelques jours après la visite qu'ils m'ont faite, ils ont reçu des secours d'une main inconnue. Chaque mois, la même personne leur envoie de l'argent. Je soupçonnais que ce devait être madame de Kernys. Je suis bien aise d'en être certain maintenant.

— Cela prouve un bon cœur.

— N'est-ce pas ?... Oh ! je l'avais bien jugée... Pauvre enfant !... Enfin, tout a un terme ici-bas...

— Que voulez-vous dire ?

— Rien, reprit-il avec un sourire forcé.

Nous étions devant un restaurant ; nous entrâmes.

Notre dîner fut assez triste quoique Léopold eût des moments d'entrain et même des éclats de gaîté tout à fait en dehors de son caractère. Il but beaucoup plus que d'habitude. On eût dit qu'il cherchait encore à s'exciter. A chaque instant, il regardait la pendule, puis sa montre, comme un écolier qui attend l'heure de son premier rendez-vous.

Le spectacle commençait à six heures et demie; la nouvelle pièce à huit heures. Dès que nous eûmes fini de dîner, Léopold me prit le bras et me fit traverser le boulevard d'un pas rapide. Le principal rôle de la nouvelle pièce devait être rempli par une débutante nommée Athénaïs Lambiquet, que je me rappelais vaguement avoir vue dans quelques autres théâtres. Autant qu'il m'en souvenait, elle était fort jolie.

Léopold avait pris à l'avance une loge d'avant-scène à droite. Une petite cloison, à hauteur d'appui seulement, nous séparait de la loge contiguë, qui se trouvait entre la nôtre et les coulisses. Pour les gens placés aux stalles ou au parterre, nos deux loges semblaient n'en faire qu'une. Je n'avais jamais songé à remarquer tous ces détails; mais ces deux loges furent bientôt le théâtre d'une scène beaucoup plus dramatique que la nouvelle pièce, et beaucoup plus propre à graver dans ma mémoire une fidèle image des lieux qui l'encadraient.

Lorsque nous arrivâmes, le rideau était levé; on achevait une petite pièce dont j'ai oublié le titre. En entrant dans notre loge, le premier mouvement de Léopold fut de jeter un rapide coup d'œil dans la loge voisine. Elle était vide. Il fronça les sourcils. Chaque fois que des pas se faisaient entendre derrière nous, dans le corridor, M. de Kernys regardait aussitôt dans la loge; évidemment il attendait quelqu'un. Au moment où l'on allait commencer la grande pièce, la porte de la loge voisine s'ouvrit enfin pour laisser passer un jeune homme. En lui apportant l'*Entr'acte* de rigueur, l'ouvreuse glissa mystérieusement près du nouveau venu un bouquet monumental, qui provenait évidemment du marché du Château-d'Eau.

Notre voisin était un beau garçon d'une trentaine d'années. Bien que frisé, ganté, cravaté à la dernière mode, il manquait de ce *je ne sais quoi* qui fait reconnaître l'homme du monde. Sa figure, très-régulière cependant, était commune et prétentieuse. Il avait l'air fort content de sa personne et de l'effet qu'il produisait.

A l'instant où parut notre voisin, j'examinai Léopold. Ce dernier devint pâle comme un mort. Ses yeux étincelants ne quittèrent pas le nouveau venu, qui nous tournait le dos en ce moment. Lorsque ce monsieur eut achevé d'étaler dans sa loge sa personne, sa lorgnette et son bouquet, il se retourna pour jeter un coup d'œil sur la salle.

Dans leur promenade demi-circulaire, ses yeux finirent par tomber sur Léopold et sur moi. L'indifférence avec laquelle il nous regarda me prouva qu'il ne connaissait ni l'un ni l'autre de nous. Quant à Léopold, que j'observais toujours, il avait repris sa physionomie impassible ; mais, sous cette apparence de calme, je voyais arriver, je sentais gronder un orage ; j'avais le pressentiment de quelque querelle, et j'avoue que cela m'ennuyait fort.

IV

Pendant que je faisais silencieusement mes observations, on avait commencé la pièce. La débutante fut chaleureusement accueillie. Notre voisin surtout l'applaudissait à tour de bras. J'avais déjà remarqué, du reste, qu'en entrant en scène, elle lui avait souri d'un air d'intelligence. A ma grande surprise, Léopold rivalisa de bravos avec le fanatique admirateur de mademoiselle Lambiquet. Cela m'étonna d'autant plus que d'habitude il n'applaudissait jamais. Ce bruyant enthousiasme attira sur nous les yeux d'Athénaïs. Pendant les deux premiers actes, il y eut, entre notre voisin et M. de Kernys, une lutte de bravos, qui m'aurait beaucoup diverti si je n'avais pressenti quelque chose de sérieux sous cette futile rivalité. Plusieurs fois déjà, le monsieur à la lorgnette s'était retourné vers nous en fronçant le sourcil d'un air assez matamore. De son côté, Léopold continuait à applaudir à tort et à travers, et répondait aux regards du voisin par des regards d'une impertinence sans égale.

A la fin du deuxième acte se trouvait une grande tirade qui valut à mademoiselle Lambiquet une ovation plus ou moins méritée. Comme s'il eût été entraîné par un moment d'enthousiasme, M. de Kernys se pencha tout à coup sur la séparation des deux loges, saisit le bouquet placé dans la loge voisine et le lança aux pieds d'Athénaïs. Celle-ci le remercia par un charmant salut.

Jamais, je crois, je n'ai vu de figure plus stupéfaite et plus furieuse que celle du voisin. Il se leva, regarda les fleurs que relevait l'actrice, chercha son bouquet dans la loge, examina de nouveau celui d'Athénaïs, puis, rouge comme une pivoine et les yeux hors de la tête, il se tourna vers M. de Kernys. Ce dernier, qui lui souriait gracieusement, était magnifique de calme ironique et d'impertinence polie :

— Pourquoi avez-vous pris ce bouquet, monsieur? balbutia le voisin que la colère empêchait de parler.

— L'enthousiasme, monsieur, répondit tranquillement M. de Kernys. Je n'ai pu résister.

— Ces fleurs m'appartenaient ; je les ai achetées.

— Au Château d'Eau ?

— Que vous importe ? hurla le voisin. Toujours est-ce moi qui les ai payées !

— Je suis prêt à vous en rembourser le prix, dit Léopold d'un ton moqueur, en tirant son porte-monnaie.

— Voyons, messieurs, dis-je en m'interposant entre les deux champions, tout le monde vous regarde ; tenez-vous tranquilles durant quelques minutes. Dès qu'on ne fera plus attention à nous, nous sortirons et tout s'expliquera.

— Sortons tout de suite, morbleu! dit le voisin qui criait et gesticulait en homme d'assez mauvaise compagnie... J'étouffe !

— C'est votre cravate qui vous étrangle, monsieur, lui dit gravement Léopold.

Le monsieur semblait en effet au carcan dans son col très-haut et très-empesé. Le sarcasme de M. de Kernys, débité du ton le plus tranquille, mais à haute et intelligible voix, fit rire tous les spectateurs et mit le comble à l'exaspération du voisin. Il se précipita sur Léopold, l'injure à la bouche et la main levée. Le bruit du soufflet retentissait encore que l'agresseur, lancé hors de la loge par Kernys, tombait dans l'orchestre au milieu des instruments de musique qu'il mit dans un désarroi facile à concevoir.

Tandis qu'on relevait le personnage, je regardais Léopold. Il était très-pâle et tremblait de tous ses membres. Un indéfinissable sourire errait sur ses lèvres décolorées. En ce moment, on ouvrit la porte de notre loge et nous aperçûmes dans le corridor le chapeau d'un agent de police. Nous nous hâtâmes de sortir. M. de Kernys raconta l'affaire avec beaucoup de calme. Il donna son adresse, et nous pûmes alors nous retirer. A peine sur le boulevard, je vis, à quelque pas de nous, l'adversaire de Léopold qui semblait guetter notre sortie. Sa culbute ne lui avait sans doute causé d'autre dommage que des contusions, car il marchait assez bien : j'eus peur de quelques nouvelles voies de fait, mais la présence d'un sergent de ville qui nous avait suivis mit obstacle aux projets belliqueux de notre voisin. Les deux ennemis se contentèrent d'échanger leurs cartes. J'appris alors que le monsieur au bouquet s'appelait Eugène Voisenot. Il se montra très-grossier, et se comporta comme un sot. Kernys, au contraire, répondit à ses injures et à ses menaces avec un calme que j'admirai.

Avant de nous séparer, on convint que les témoins de Voisenot viendraient me trouver le lendemain matin à sept heures. Léopold et moi, nous prîmes une voiture et nous nous rendîmes chez M. Duromel.

Kernys respirait comme un homme qui vient de se décharger d'un poids de deux cents kilogrammes. Il me fit quelques excuses sur l'affaire désagréable dans laquelle il venait de m'entraîner et m'offrit de nouveau de me mettre au courant de tout. J'eus un moment d'hésitation. Au fond du cœur, j'étais excessivement contrarié de me trouver engagé dans cette querelle. Je ne connais pas en effet de rôle plus désagréable que celui de témoin dans un duel. Si, voulant avant tout sauvegarder l'honneur de votre ami, vous maintenez avec fermeté de justes exigences, et si le duel se termine tragiquement, tout le monde vous jette la pierre ; on accuse votre entêtement de la catastrophe. Que vous fassiez au contraire des concessions pour éviter un combat, le public vous reprochera plus tard d'avoir sacrifié l'honneur de votre ami pour ne pas vous exposer vous-même à quelque désagrément.

Dans la circonstance actuelle, néanmoins, j'étais trop engagé pour pouvoir reculer. Puis ce M. Voisenot me déplaisait singulièrement. Enfin je voyais avec une certaine satisfaction que Kernys était brave, et cela me confirmait dans la bonne opinion que j'avais toujours eue de sa délicatesse et de sa loyauté. Peut-être aussi mettais-je un peu d'entêtement et d'amour-propre à m'en tenir à la confiance que j'avais d'abord témoignée à mon compatriote.

— Ma foi, lui dis-je, j'irai jusqu'au bout en aveugle. Gardez votre secret et disposez de moi.

Nous montâmes chez le capitaine Duromel, qui dormait de tout son cœur. Il commença par nous envoyer aux cinq cents diables. En apprenant de quoi il s'agissait, il se mit sur son séant, et se fit raconter la querelle.

— Du moment qu'il y a un soufflet de reçu, tout est dit, me répondit-il. Je serai chez vous demain à six heures, afin que nous nous entendions sur les conditions du duel.

Je voulus aborder immédiatement cette question, mais Léopold me fit signe de me taire. Il se leva, remercia le digne capitaine et sortit avec moi.

— Entre M. Voisenot et moi, ce doit être un combat à mort, me dit-il. Un de nous est de trop dans ce monde. Mais vous êtes le seul avec lequel je puisse m'exprimer si franchement. Je sens là que vous du moins vous me croirez lorsque je vous dirai : « Mon ami, je vous jure sur l'honneur que si vous étiez à ma place, vous feriez ce que je fais...

— Quelle arme choisissez-vous? lui demandai-je.

— Ai-je le droit de choisir?

— Sans doute. Vous êtes insulté.

— Eh bien, le pistolet.

— Je vous croyais très-fort à l'épée.

— C'est pour cela que je choisis le pistolet. Je ne veux pas assassiner cet homme. Entre nous ce sera le jugement de Dieu.

— Tirez-vous bien le pistolet!

— Oui : mais je sais que lui-même est aussi d'une certaine force.

— Je causerai de tout cela avec M. Duromel.

Je reconduisis Léopold chez lui et je rentrai fort triste et fort préoccupé.

M. Duromel fut exact le lendemain matin, et je lui appris les intentions de Léopold. Comme il était plus âgé et avait beaucoup plus d'expérience que moi dans ces sortes d'affaires, je le priai de tout diriger.

Les témoins de M. Voisenot arrivèrent à sept heures. L'un d'eux était un Allemand; l'autre, le fils d'un riche banquier. Tous deux furent parfaitement convenables et se comportèrent en hommes bien élevés. Ils nous apprirent (ce que Léopold avait négligé de me dire) que M. Voisenot était un professeur de chant qui gagnait beaucoup d'argent avec ses leçons. Il avait du reste une voix magnifique Je fus à même d'en juger, car il eut le mauvais goût de fredonner sur le terrain. Je crois pourtant qu'au fond M. Voisenot était fort mal à l'aise. Il n'eût pas mieux demandé que de trouver un prétexte pour ne pas se battre. Au moment décisif, je le vis parler à ses témoins. Ceux-ci nous firent quelques ouvertures qui tendaient évidemment à une solution pacifique de l'affaire. Pour la forme, M. Duromel et moi nous en fîmes part à Léopold.

Il nous montra sa joue.

— Le soufflet de cet homme me brûle encore, répondit-il. Finissons-en.

Dès le début de notre conférence, les témoins de M. Voisenot avaient déclaré que ce dernier tirant fort mal, ils ne le laisseraient point se battre à l'épée avec M. de Kernys, dont un de ces messieurs connaissait la force. Cette prétention de leur part était facile à réfuter; mais, en présence des instructions positives de Léopold, et d'après ce que je savais de l'affaire, il n'y avait pas à hésiter. Il fut convenu que le duel aurait lieu au pistolet. Les adversaires, placés à trente pas de distance, devaient marcher l'un sur l'autre à un signal donné par le capitaine. Ils pouvaient avancer chacun de dix pas et tirer à volonté.

V

M. Duromel plaça les deux jeunes gens. Le chanteur avait perdu toute son assurance. Il pâlissait et rougissait tour à tour. Ses yeux inquiets interrogeaient les témoins comme pour leur demander s'il ne restait pas encore quelque moyen d'arranger l'affaire. Quant à Léopold, qui avait paru fort agité durant tous les préliminaires du combat, il reprit tout son calme aussitôt qu'il se trouva en présence de son adversaire. Sa figure, qui n'avait rien de remarquable en temps ordinaire, était presque belle en ce moment. Jamais je n'oublierai le regard ferme et méprisant qu'il attachait sur M. Voisenot.

M. Duromel laissa tomber son mouchoir, et les adversaires se mirent en marche. M. Voisenot avait à peine fait cinq ou six pas qu'il pressa la détente. Soit que les pistolets fussent trop durs, soit plutôt que, dans son trouble, M. Voisenot eût mal appuyé son doigt sur la gachette, le coup ne partit que quelques secondes plus tard. Léopold, qui avait marché fort vite, se trouvait à dix pas tout au plus du musicien. La balle effleura l'épaule de M. de Kernys, mais ne l'atteignit pas. Il riposta aussitôt. M. Voisenot poussa un cri, lâcha son pistolet, fit un demi-tour sur lui-même et tomba la face contre terre. On courut le relever. La balle lui avait traversé la tête à un centimètre tout au plus de l'oreille. Il expira presque aussitôt.

Les témoins emportèrent le cadavre dans leur voiture. M. Duromel et moi, nous emmenâmes Léopold. Celui-ci était grave et soucieux, mais il n'exprimait aucun regret au sujet du malheur qui venait d'arriver. Nous lui conseillâmes de se cacher, du moins pendant quelque temps. Il dit au capitaine qu'il allait partir pour la campagne. Quand je fus seul avec lui, il m'apprit que son intention était de se rendre immédiatement à Marseille et de s'y embarquer pour la Crimée. C'était au commencement de la guerre. Je voulus lui rendre trois lettres cachetées qu'il m'avait remises avant le combat. L'une était à l'adresse de sa femme ; la seconde pour les Gournaud ; la troisième pour moi.

— Gardez-les, me dit-il. Nous ne nous reverrons probablement jamais. Dès que vous aurez appris que je suis mort, vous remettrez ces deux lettres à leur adresse. Quant à la vôtre, si jamais il vous survenait quelque scrupule pour la part que vous avez prise à tout ceci ou quelque doute sur mon compte, lisez-la ; elle vous apprendra tout.

— Qu'allez-vous faire en Crimée ? lui demandai-je.

— Me faire tuer. Tout ce que je demande à Dieu, c'est qu'il me donne assez de force pour vivre jusqu'au jour d'un combat et pour périr sur un champ de bataille. Je vous laisserai de l'argent pour ma pauvre mère nourrice. Si vous pouvez aller de temps en temps voir ces braves gens, je vous en serai très-reconnaissant.

— Et madame de Kernys ? lui dis-je, que va-t-elle devenir ?

— J'ai fait en sorte qu'elle ne me regrette pas longtemps. Ma mort lui rendra sa liberté. Elle se remariera, je l'espère. Puisse-t-elle être heureuse, la pauvre enfant !

Il s'interrompit brusquement, et me remercia avec effusion des services que je lui avais rendus.

— Si j'osais, continua-t-il, il en est encore un que je vous demanderais.

— Parlez.

— Allez quelquefois voir madame de Kernys. Elle va être bien seule et se trouvera dans une position où les conseils d'un ami...

— Je vous avoue que madame de Kernys est loin de me traiter sur ce pied.

— Je le sais. Votre amitié pour moi était un motif suffisant pour qu'elle vous témoignât de l'éloignement.

— Et sa froideur pour vous me la rend fort peu sympathique.

— Ne vous en rapportez pas trop aux apparences, mon ami. Cette pauvre enfant a été bien malheureuse. Elle ne pouvait m'aimer.

— D'ailleurs, elle ne sera point seule. N'a-t-elle pas sa famille ?

— Son père est un égoïste et un sot, que sa femme mène comme un enfant. Quant à madame de Seneuil, c'est une méchante créature, et ses filles marcheront sur ses traces. Je vous assure qu'Henriette est plus à plaindre qu'à blâmer.

— Allons, je ferai ce que vous voulez. A propos, j'ai un ami qui est médecin à Marseille, je vais vous donner une lettre pour lui. Il vous sera utile là-bas et vous mettra en relations avec quelque capitaine.

— Merci.

— Quand partez-vous ?

— Ce soir probablement, par le convoi de sept heures.

— Alors je reviendrai vous prendre à six heures, et je vous porterai la lettre pour Garillac.

Je le quittai au seuil de sa porte. Le soir, je le conduisis au chemin de fer. Il était profondément triste. De grosses larmes bordaient ses paupières quand il me dit adieu. Je revins chez moi le cœur navré.

Quelques jours se passèrent. Ne recevant point de nouvelles de Léopold, je me décidai à rendre une visite à madame de Kernys.

La jeune femme me reçut d'un air glacial. Je lui parlai de son mari. Elle me parut ignorer où il était. Elle me le demanda, je ne dirai pas avec intérêt, mais avec une sorte de curiosité qui me donna un moment d'espoir. Malheureusement, ce bon mouvement dura peu. On eût dit qu'elle s'en repentait et cherchait à le réparer par un redoublement de froideur à mon égard et d'indifférence au sujet de son mari. Cela finit par me mettre de fort mauvaise humeur.

— Vous paraissez un peu souffrante aujourd'hui, madame, dis-je à madame de Kernys en me levant au bout de quelques minutes. J'espère qu'à ma première visite je vous trouverai complétement rétablie.

Elle me répondit, avec toute la maladresse d'une femme timide, affectant une brusquerie qui n'est pas dans son caractère, par une de ces phrases qui veulent dire en style de bonne compagnie :

« — Vos visites me déplaisent. Vous me ferez grand plaisir en m'en privant. »

J'étais déjà fort mécontent, moins encore de la mauvaise réception de madame de Kernys, que du ton presque méprisant avec lequel elle parlait de son mari. La dernière phrase de la jeune femme fut la goutte d'eau qui fit déborder le vase. Je lui demandai, avec beaucoup de calme et de politesse, en quoi j'avais pu mériter, de sa part, une réception si glaciale, pour ne pas dire plus, et un congé si formel.

— Ce que je fais là est un peu en dehors des usages reçus, lui dis-je ; mais, en Bretagne, nous avons pour principe que la ligne droite est toujours la meilleure. Si j'ai eu quelques torts envers vous, je suis prêt à vous en faire toutes les excuses possibles ; cependant je ne crois pas que vous en ayez un seul à me reprocher.

Madame de Kernys rougit et me fit d'abord une réponse évasive. Je revins à la charge. Alors, cédant à la franchise naturelle de son caractère, elle m'avoua assez clairement que mon rôle de témoin dans le duel qu'avait eu son mari à propos d'une actrice était un de ses grands griefs contre moi. Comme elle avait mis une certaine amertume à prononcer ce mot d'actrice, je lui dis à mon tour que, dans mon opinion, le duel de Léopold, avait eu un motif beaucoup plus sérieux. Elle me répondit par un sourire d'incrédulité. Je lui racontai alors toute l'histoire du duel, depuis le moment où Kernys était venu me prendre pour me conduire au restaurant. Elle m'écouta d'abord avec une indifférence affectée ; bientôt néanmoins elle finit par ne plus dissimuler l'attention et l'intérêt qu'elle apportait à mon récit. Quand je prononçai le nom de M. Voisenot, elle poussa un cri et se cacha la figure dans ses deux mains. Je voulus continuer. Elle me fit signe de m'arrêter. Voyant qu'elle paraissait beaucoup souffrir, je me levai pour sortir.

— Au nom du ciel, ne partez pas ! dit-elle en me saisissant le bras. Dites-moi tout... je suis remise ; je puis vous écouter.

— Peut-être vaudrait-il mieux attendre encore, lui dis-je.

—Oh ! non... une pareille incertitude me tue. Parlez, je vous en conjure, et ne me cachez rien.

Je continuai mon récit. Elle m'écouta sans dire un mot, le front dans les mains. Au moment où j'arrivai à la catastrophe qui avait terminé le duel, je m'aperçus que la pauvre jeune femme perdait connaissance. Je me précipitai sur une sonnette, que j'agitai violemment. Une femme de chambre accourut. Je la laissai avec sa maîtresse et me retirai dans la pièce voisine, ne sachant trop si j'avais bien ou mal fait de raconter cette triste aventure à la pauvre femme.

Au bout de cinq minutes, la femme de chambre vint me dire que sa maîtresse me priait de ne point m'en aller. Un instant après, on me fit rentrer au salon. Madame de Kernys me parut dans un état d'agitation extrême. Elle me pressa de questions au sujet de son mari, principalement sur tout ce que Léopold avait dit relativement à son mariage. Là encore, je pris la ligne droite. Je lui racontai d'un bout à l'autre la manière dont Léopold et moi nous étions entrés en relations, sa première visite, les faits et les incidents qui, à ma connaissance, l'avaient suivie. Je voyais avec plaisir que toutes les fois que je prononçais le nom de son mari, le visage de la jeune femme s'épanouissait, ses yeux brillaient d'une vivacité extrême et son front semblait s'illuminer tout à coup.

— Mon Dieu, mon Dieu, s'écria-t-elle, pourquoi ne pas m'avoir dit tout cela plus tôt?

— Le pouvais-je ? lui répondis-je. Croyez-vous que beaucoup d'hommes à ma place auraient osé vous parler comme je viens de le faire ?

— C'est vrai, reprit-elle naïvement : tenez, j'ai la tête perdue. Si vous saviez !... Oh ! je crains d'avoir été bien injuste et bien cruelle, et pourtant moins que toute autre j'en avais le droit.

En ce moment on vint avertir madame de Kernys que le premier clerc de son notaire demandait à lui parler.

— Vous reviendrez demain, n'est-ce pas ? me dit-elle ; je vous en prie. J'y serai toujours pour vous. Si vous recevez une lettre de M. de Kernys, vous me l'apporterez.

Quand je rentrai chez moi, vers sept heures, on me remit une lettre qui portait le timbre de Marseille. Je reconnus l'écriture d'Armand Garillac, le médecin à qui j'avais recommandé Léopold. Voici ce que contenait cette lettre, dont je supprime seulement le préambule et quelques phrases qui ne concernaient que moi.

« Hier, un jeune homme qui arrivait de Paris est descendu à un mauvais petit hôtel qu'on appelle les *Trois-Couronnes*. Dans la nuit, il est tombé très-malade. Comme on cherchait à se procurer quelques renseignements sur sa famille et sur ses relations, on a trouvé dans son portefeuille une lettre à mon adresse. On me l'a apportée ; c'était une lettre de toi me recommandant M. Léopold de Kernys. J'ai couru à l'hôtel.

Ton ami avait une fièvre cérébrale et un délire effrayant. Je doute qu'il en réchappe. J'ai fait venir une garde-malade pour le veiller, et je vais le voir trois ou quatre fois par jour. Dans son délire, il a deux ou trois fois prononcé ton nom. Il y a aussi un nom de femme, celui d'Henriette, qu'il répète à chaque instant. Si tu connais ses parents, préviens-les. A moins d'un miracle, je ne crois pas qu'il ait longtemps à vivre. Bien que nous soyons écrasés de besogne en ce moment, tu peux compter sur moi pour ton ami. Il ne manquera de rien. Adieu. »

VI

Sans même prendre le temps de dîner, je me jetai dans la première voiture qui passa, et je retournai chez madame de Kernys.

— J'allais envoyer chez vous, me dit-elle en accourant vers moi. Savez-vous ce que m'envoyait le notaire? Des comptes qui prouvent que M. de Kernys n'a pas touché un centime de ma fortune. Ainsi... Oh ! mon Dieu, dit-elle tout à coup en s'interrompant, comme vous êtes pâle ! Qu'y a-t-il ?... M. de Kernys... Oh ! mais parlez donc !

Bien que ne sachant pas encore quels étaient au juste ses sentiments pour son mari, je voulus préparer madame de Kernys à la triste nouvelle que je lui apportais. Elle m'arracha presque la lettre des mains. Elle la lut sans dire un mot et sans verser une larme. Mais, arrivée à la fin, elle éclata tout à coup en sanglots déchirants, puis elle eut une crise de nerfs vraiment effrayante.

— Je pars cette nuit pour Marseille, dit-elle à sa femme de chambre, dès qu'elle put parler. Préparez les malles. Vous m'accompagnerez. Hâtez-vous.

La femme de chambre se retira.

— Vous viendrez avec moi, n'est-ce pas, monsieur? me dit madame de Kernys d'un ton suppliant.

— Cela m'est bien difficile en ce moment, répondis-je. N'avez-vous personne qui puisse....

— Mon père est absent, interrompit-elle, et d'ailleurs..... Je vous en conjure, venez. Ce n'est pas pour moi que je vous le demande..... Quel droit ai-je à votre dévouement... à votre estime? Mais c'est pour M. de Kernys... S'il le faut, je partirai seule ; mais vous voyez dans quel état je suis !

Je ne pus résister davantage. Tout ce que je venais d'apprendre d'ailleurs redoublait encore l'intérêt que m'avait toujours inspiré M. de Kernys. Je rentrai chez moi pour préparer ma valise. Quelques heures après, madame de Kernys, sa femme de chambre et moi nous montions dans une voiture du chemin de fer.

En arrivant à Marseille, je courus chez Garillac. Il m'apprit que Léopold vivait encore, mais qu'il n'était plus à l'hôtel des *Trois-Couronnes.*

— Le tapage de l'hôtel l'empêchait d'avoir un moment de repos, me dit Armand ; je lui ai loué un petite chambre tout près d'ici. La garde-malade ne le quitte pas.

— Il va mieux ?

— Non : le délire a disparu ; mais il est d'une faiblesse !... Il ne peut rien prendre... puis le moral manque aussi. Il y a des malades qui se cramponnent à la vie ; lui, c'est tout le contraire. Ce jeune homme doit avoir éprouvé quelque violent chagrin.

— En effet, répondis-je ; mais je crois que maintenant ses malheurs sont terminés ; Dieu veuille qu'il ait la force de vivre pour être heureux !

— J'en doute. Néanmoins, dans toutes ces maladies dont une cause morale est le principe, il se produit des phénomènes tellement extraordinaires qu'on peut espérer jusqu'au dernier moment. Je vais vous conduire chez M. de Kernys ; nous verrons ensuite s'il est de force à supporter la visite de sa femme.

Je conduisis Garillac à la voiture dans laquelle la pauvre femme était restée à m'attendre. Madame de Kernys le remercia de la façon la plus touchante des soins qu'il avait donnés à Léopold, et lui fit une foule de questions. Le docteur nous dit que Léopold lui inspirait le plus vif intérêt.

— Il paraît vous aimer bien tendrement, madame, dit-il à la jeune femme. Votre nom était continuellement sur ses lèvres.

Elle fondit en larmes et se couvrit la figure avec son mouchoir.

— Ah ! si je pouvais le sauver au prix de ma vie ! s'écria-t-elle.

Elle aurait voulu nous accompagner, mais Garillac s'y opposa. Il la fit monter chez lui et la confia à madame Garillac, jolie Marseillaise aux grands yeux noirs, qui me parut aussi bonne qu'Armand l'était lui-même. Après avoir promis à madame de Kernys de venir la chercher aussitôt que cela se pourrait, je partis avec le docteur. Il me laissa dans la voiture et monta chez Léopold. Presque aussitôt après, il redescendit.

— Vous pouvez entrer, me dit-il, M. de Kernys vous attend. Je vais faire quelques visites ; si je ne reviens pas par ici, vous me retrouverez chez moi dans une heure. Je compte sur vous pour dîner.

Je trouvai Léopold dans un état de maigreur et d'affaiblissement qui me brisa le cœur. Il me tendit la main et me fit signe de m'asseoir auprès de son lit.

— Décidément, c'est vous qui me servirez de témoin dans toutes les circonstances importantes de ma vie, me dit-il avec un sourire doux et résigné qui me navra. Béni soit Dieu qui vous envoie pour me fermer les yeux. Votre ami Garillac a été bien bon pour moi ; témoignez-lui-en toute ma reconnaissance.

J'interrompis les remercîments du pauvre garçon pour lui parler de sa femme. Le chagrin étant pour beaucoup dans sa maladie, il me semblait que les bonnes nouvelles que je lui apportais devaient lui faire plus de bien que tous les remèdes du monde.

Je lui racontai ce qui s'était passé entre madame de Kernys et moi depuis son départ ; ma première visite, notre conversation, notre voyage, etc. Il m'écoutait avec une attention facile à comprendre. De temps en temps, il me serrait la main comme pour me remercier de ce que j'avais dit de lui. En apprenant la présence de sa femme à Marseille, il me parut vivement ému : son premier mouvement fut un élan très-vif ; le second une sorte de tristesse.

— Ainsi, vous croyez qu'elle pourrait m'aimer ? me demanda-t-il.

— Je crois qu'elle vous aime.

Un éclair de joie traversa ses yeux, mais il s'éteignit aussitôt.

— Ce serait un grand malheur ! murmura-t-il.

— Comment cela ?

— Je n'ai plus que quelques jours à vivre. Ne valait-il pas mieux que ma mort lui rendît sa liberté, sans lui laisser des regrets qui vont peut-être attrister toute sa vie. Elle aurait pu se remarier et être heureuse.

Et, comme je m'étonnais de ses paroles :

— Ecoutez-moi, me dit-il, je vais tout vous raconter

— Mon cher ami, ce récit vous fatiguerait, et d'ailleurs je n'ai besoin de rien savoir...

— Je sais quelle a été, quelle est votre discrétion; mais c'est pour madame de Kernys et pour moi-même que je désire aujourd'hui vous apprendre cette triste histoire. Si je ne l'ai pas fait plus tôt, c'est que cela concernait Henriette, et je ne voulais pas que la pauvre enfant eût à rougir devant vous. Maintenant, au contraire, après ce qu'elle vous a dit, la vérité vaut mieux que les conjectures que ses paroles ont dû vous inspirer.

— Attendons à demain, lui dis-je...

— Qui sait si demain... non... quoi que vous disiez, je n'ignore pas que mes jours sont comptés. Je serai heureux de penser en mourant que je laisse quelqu'un pour veiller sur cette pauvre enfant.

Je lui fis encore quelques représentations sur son imprudence, mais tout fut inutile. Il me fallut rester et l'écouter.

Au moment où il commençait son récit, qu'il fut obligé d'interrompre plusieurs fois, j'entendis ouvrir la porte qui donnait sur le palier; puis il me sembla qu'on marchait avec précaution dans la petite pièce qui servait d'antichambre.

— Qui est là? demandai-je.

— C'est moi, monsieur, moi, la garde-malade, répondit une vieille femme en entr'ouvrant la porte qui séparait les deux chambres et que les rideaux du lit m'empêchait d'apercevoir.

Je me rassis le plus près possible de Léopold, afin qu'il ne fût pas obligé d'élever la voix.

— Mon cher ami, me dit-il, quand vous m'avez rencontré chez Henry de C..., je me trouvais, à vingt-six ans, seul au monde, sans fortune, sans état, sans avenir et sans position d'aucune sorte. Joignez à cela une mauvaise santé, un caractère naturellement triste et un profond dégoût de la vie. J'étais à bout de ressources, lorsqu'une vieille dame, chez laquelle je faisais quelquefois le whist, m'offrit de me marier. Il ne s'agissait de rien moins que d'une fort jolie personne appartenant à une bonne famille, ayant cent cinquante mille francs de dot et pouvant en espérer presque autant par la suite. Pour moi, c'était le ciel ouvert. Stupéfait d'une telle proposition, mais trop honnête homme pour associer l'existence d'une jeune femme à celle d'un valétudinaire comme moi, je remerciai madame de Bauvron, en lui expliquant franchement les motifs de mon refus.

— Vous avez tort, me dit-elle. Cette pauvre enfant est fort à plaindre ; sa belle-mère la déteste et son père est un sot, un égoïste qui la rend fort malheureuse. Ils sont si pressés de s'en débarrasser qu'ils la marieraient, je crois, au premier goujat venu, pourvu que ce mariage se fît tout de suite. Vous voyez que je vous parle franchement.

— Mais je n'ai pas deux ans à vivre.

— Vous ne savez ce que vous dites, répondit-elle. D'ailleurs, de deux choses l'une : ou vous vivrez, et je suis persuadée que vous la rendrez heureuse ; ou vous mourrez (ce que je ne crois pas du tout), et votre veuve sera libre de choisir un mari à son goût.

Ce raisonnement me séduisit. Je ne craignais nullement de mourir, mais je souffrais de penser que ma mort serait stérile. Puis, j'avais dans le cœur un indicible besoin d'affection et de dévouement ; pour de pauvres êtres déshérités comme moi de la nature et de la fortune, le dévouement est le seul amour qu'on ose rêver. Cet amour-là du moins nous est permis, car il n'exige pas de retour. Je consentis à être présenté. Quelques jours après, mademoiselle de Seneuil et moi, nous nous rencontrâmes chez la baronne de Bauvron. Henriette me parut charmante ; sous cette apparence de hauteur et de dédain, je devinai un cœur froissé, qui se repliait sur lui-même pour cacher ses blessures. Un moment, j'eus la folie d'espérer que, grâce à la conformité de nos positions, je parviendrais peut-être à m'en faire aimer.

— Elle sera toujours moins malheureuse avec moi qu'avec sa belle-mère, me dis-je...

Madame de Bauvron se chargea de tout arranger avec la famille de Seneuil. Le mariage fut annoncé. Une seule chose me désespérait : c'était la froideur croissante, je dirai même l'aversion, que me témoignait mademoiselle de Seneuil. J'en parlai à la baronne.

— Henriette a été fort mal élevée, me répondit madame de Bauvron. Elle n'avait que sept ans lorsque sa mère mourut. Son père, qui habitait alors la campagne, ne s'occupait nullement de cette pauvre enfant. Tandis que M. de Seneuil courait de château en château, Henriette, livrée à elle-même, passait sa vie à lire tous les romans de la bibliothèque de son père. Elle est un peu romanesque et voudrait pour époux un Amadis ou un Lancelot. Au fond, elle est bonne et aimante. C'est une éducation à refaire. Dans votre position, mon ami, une jolie femme et cent cinquante mille francs valent bien la peine que vous vous résigniez à l'entreprendre.

Bien qu'Henriette ne m'eût répondu que par un sourire dédaigneux chaque fois que j'avais essayé de lui parler des sentiments que j'éprouvais pour elle, je l'aimais déjà. Je n'étais que trop disposé à accueillir tous les raisonnements qui se rapportaient aux secrets désirs de mon cœur. J'avais remarqué que les parents d'Henriette ne la laissaient jamais causer longtemps seule avec moi. Un soir, elle me dit à voix basse :

— Faites semblant de partir et descendez au jardin. Dès que je pourrai m'échapper, j'irai vous y rejoindre.

Vous comprenez combien je fus étonné de ce rendez-vous ; je me creusais la cervelle pour en deviner le motif. Au bout d'un quart-d'heure, Henriette descendit au jardin où je l'attendais. Je courus à elle tout ému. Un geste glacial m'arrêta.

— Monsieur, me dit-elle, j'ai tenu à vous parler sans

témoins. J'ai voulu savoir de vous-même si vous connaissiez le motif de notre mariage.

— Je ne comprends pas, mademoiselle.

— Est-il vrai que vous soyez sans fortune?

— C'est vrai.

— Sans position, sans avenir?....

— C'est encore malheureusement trop vrai, mademoiselle, répondis-je tristement.

— Ce n'est pas pour vous en faire un reproche que je vous dis cela, reprit-elle avec douceur ; mais on vous a sans doute expliqué comment il se faisait qu'on vous jetait ainsi à la tête une jeune fille ayant quelque fortune? Pardonnez-moi de vous parler ainsi, ajouta-t-elle précipitamment, et croyez bien que je tiens fort peu à l'argent.

Etonné de ces questions, je racontai franchement à mademoiselle de Seneuil tout ce que madame de Bauvron m'avait appris à son sujet.

— On ne vous a pas dit autre chose? reprit-elle.

— Non, je vous assure.

— Sur l'honneur?

— Sur l'honneur.

Elle respira.

— Je m'en doutais, reprit-elle.

Elle laissa tomber sa tête sur sa poitrine. Il y eut un moment de silence.

— Ecoutez, reprit-elle bientôt, il faut que vous sachiez la vérité. J'ai un aveu à vous faire, un aveu bien pénible, bien humiliant : c'est le juste châtiment de ma faute. Je ne veux pas aggraver mon crime en aidant à tromper un honnête homme. Ecoutez-moi donc, monsieur, et vous comprendrez ce qu'il me faut de courage pour vous parler ainsi. Madame de Bauvron vous a dit que mon enfance avait été bien négligée. Il n'est que trop vrai. A quinze ans seulement, mon père m'a mise en pension aux environs de Paris. Un jeune homme, un professeur de musique, venait donner des leçons de chant dans ce pensionnat. Il parut s'intéresser à moi, à moi que personne n'avait jamais aimée depuis la mort de ma pauvre mère. Je n'étais que trop disposée à aimer ceux qui me témoignaient quelque affection. Ne pouvant nous parler facilement, nous nous écrivions. Il me décida à fuir avec lui. Un jour, à sept heures du matin, je m'échappai du pensionnat. Il m'attendait sur la route avec une voiture. Dix minutes après, nous arrivions à la station du chemin de fer, et nous prenions le convoi pour Bruxelles. Dès qu'on s'aperçut de mon évasion, la maîtresse de pension courut chez mon père. On fit jouer le télégraphe. On nous arrêta à Valenciennes, au moment où je me précipitais hors du wagon pour fuir le misérable qui m'avait enlevée et que, depuis ce jour, je n'ai jamais revu. Quelques instants m'avaient suffi pour deviner, sous des dehors passionnés, une nature grossière et égoïste : Dieu m'avait donné la force de résister à ses criminelles tentatives et le courage de m'y soustraire. Maintenant vous savez tout... Tenez, ajouta-t-elle en posant ma main sur son front couvert d'une sueur glacée, voyez si j'ai souffert pour vous faire cet aveu. Trois personnes connaissent ma faute. Tôt ou tard, elle sera révélée. D'ailleurs cet homme est capable de toutes les lâchetés. Oserez-vous encore maintenant m'offrir votre nom ?

Je l'écoutais le front appuyé sur mes deux mains croisées. Sans qu'elle s'en aperçût, je la contemplais à travers mes doigts entr'ouverts. On voyait, on sentait qu'elle disait la vérité. Elle m'inspirait une sorte de pitié respectueuse; au lieu de la blâmer, je ne songeais qu'à la plaindre.

Quand elle eut fini, je réfléchis longtemps. Vous dire toutes les pensées qui se succédèrent dans ma tête en deux ou trois minutes serait impossible.

Je songeai au triste sort qui attendait cette pauvre enfant. Certains mots à double entente, que je n'avais pas compris jusque là, me revinrent en mémoire et me prouvèrent que sa belle-mère et son père lui-même étaient toujours prêts à lui jeter à la tête le souvenir de sa faute. Il me semblait impossible qu'elle pût vivre désormais avec eux. D'ailleurs ceux-ci n'y consentiraient pas. Ils tenaient évidemment à la marier immédiatement. Si je refusais, on trouverait facilement un autre mari. Il était bien probable que cet homme, connaissant la faute d'Henriette et n'épousant cette jeune fille que pour sa fortune, serait un homme des moins estimables. En pareilles mains, que deviendrait cette enfant, qui n'avait aucun moyen de se défendre contre de coupables égarements ? Ses bonnes qualités même, son cœur aimant, sa franchise et sa fierté pouvaient, grâce à cette mauvaise influence, causer sa perte, au lieu de la retarder. J'en vins à me dire que seul je pouvais et je devais sauver cette pauvre jeune fille, et que Dieu ne l'avait pas jetée en vain sur ma route. Peut-être y avait-il une pensée égoïste au fond de tous mes raisonnements ; cependant, je ne le crois pas. Je savais que ma vie ne serait plus longue désormais et j'éprouvais une sorte de joie douloureuse dans la pensée que ma mort, jusque là inutile, pourrait peut-être préparer son bonheur. Je me disais : Là où mademoiselle de Seneuil n'oserait paraître que les yeux baissés et la rougeur au front, la veuve de M. de Kernys entrera la tête levée. Libre de sa personne et maîtresse de sa fortune, elle se remariera à son gré. Si je ne puis la rendre heureuse moi-même, du moins, c'est à moi qu'elle devra la paix et un moins triste avenir.

— Eh bien ! me dit elle en voyant que je gardais toujours le silence, vous renoncez à ce mariage, n'est-ce pas ?

— Non, répondis-je, votre faute n'est que l'étourderie d'une enfant, et....

— Henriette ! dit, à deux pas de nous, madame de Seneuil qui arrivait avec une de ses amies.

La maudite belle-mère étant à portée de nous entendre, je ne pus achever ma phrase. Henriette s'éloigna avec madame de Seneuil, sans jeter un regard sur moi.

Dans le cours de la soirée, j'essayai de lui dire quelques mots relatifs à notre entretien du jardin.

— De grâce, ne revenons jamais là-dessus, me dit-elle avec vivacité.

A partir de ce jour, il me fut impossible d'avoir un instant d'entretien avec Henriette. Le jour qui précéda la signature du contrat, elle me dit, en passant de la salle à manger dans le salon :

— Demain, je porterai votre nom. Je ne mets qu'une condition à mon consentement. Nous vivrons dans la même maison, puisqu'il le faut, mais nous vivrons séparés. Si vous refusez de me le jurer, tout est rompu. Dussé-je m'enfuir ou me tuer, ce mariage n'aura pas lieu.

— Soit, lui répondis-je, vous avez ma parole.

— Comment, m'écriai-je en interrompant Léopold, vous avez pu accepter des conditions si humiliantes ?

— Mon cher ami, reprit Léopold, mon parti était pris. Dans ce mariage, je faisais complétement le sacrifice de ma personne. Assurer le bonheur de mademoiselle de Seneuil était ma seule pensée. J'avais renoncé à me faire aimer d'elle... Pouvais-je prétendre à un pareil bonheur?... Lui donner un nom, l'enlever à l'oppression de sa belle-mère, la débarrasser à jamais de ce Voisenot d'abord, et de moi-même ensuite, voilà quel était mon projet.

— Mon pauvre ami, dis-je à Léopold, un pareil dévouement est d'un ange et non d'une créature humaine.

— Non, répondit-il... l'amour maternel produit tous les jours de pareils sacrifices... Combien ne voit-on pas de femmes qui, malheureuses dans leur intérieur, ont renoncé pour jamais non-seulement au bonheur, mais même à l'espérance. Leur seule consolation est de rêver un sort heureux pour leurs enfants. Rien ne leur coûte pour entourer une innocente créature de tout ce qui fait le bonheur ici-bas. Elles voudraient arracher du sentier de sa vie toutes les pierres, toutes les épines, dussent ces pierres et ces épines, jetées sur leur route, à elles, ensanglanter leurs mains et leurs pieds. Eh bien ! mon ami, telle était la nature de mon dévouement pour Henriette.

— Pourquoi ne pas le lui avoir dit?

— D'abord elle ne m'eût pas cru. Une première et cruelle déception avait froissé le cœur de cette enfant et l'avait rendue injuste et défiante. Puis, c'eût été gâter mon ouvrage, lui laisser des regrets, des remords peut-être. Avec son caractère exalté, elle eût été capable de refuser de se remarier, lors même qu'elle eût aimé... Non... mon sort était tracé, il me fallait en subir toutes les conséquences. D'ailleurs, j'ai tant souffert dans ma vie que la résignation m'était plus facile qu'à un autre. Ce qui m'a le plus coûté, ç'a été d'attendre si longtemps pour punir ce misérable... Mais il fallait éloigner les soupçons et trouver un prétexte qui motivât notre querelle, sans qu'on eût à prononcer le nom d'Henriette. Vous voyez que j'avais tout prévu.

— Vous avez dû bien souffrir ! dis-je à Léopold.

— Oui, me répondit-il, car je l'aimais comme personne ne l'aimera, je vous jure !... Oh ! si j'avais pu le lui dire !...

Il y eut un instant de silence. Un sanglot nous fit lever la tête. Nous aperçûmes madame de Kernys cachée derrière les rideaux du lit ; elle se jeta à genoux devant Léopold et lui prit la main, qu'elle couvrit de baisers et de larmes.

— J'ai tout entendu, murmura-t-elle d'une voix étouffée.

— Henriette ! s'écria le pauvre garçon, vous ne me haïssez donc plus ?

— Je vous aime ! lui dit-elle... Pourrez-vous me pardonner tout le mal que je vous ai fait ? J'ai été injuste, cruelle, moi, moi qui avais tant besoin du pardon des autres ! Ah ! vous vivrez ! Je veux que vous viviez ; j'ai tant de torts à racheter envers vous ! Mon Dieu ! mon Dieu, prenez ma vie et sauvez-le !

— Pauvre enfant ! murmura-t-il avec un accent de profonde tendresse, vous m'aimez ?

— Oh oui !... Oh ! vous ne pouvez pas mourir, Léopold ! Mon Dieu ! mon Dieu !... vous vivrez pour moi !

Epuisé par tant d'émotions, Léopold laissa retomber sa tête sur l'oreiller. Madame de Kernys poussa un cri déchirant. La garde malade accourut.

— Il n'est qu'évanoui, me dit cette femme en faisant respirer des sels au malade,

— Veillez sur eux, lui dis-je en lui montrant M. et Mme de Kernys.

Je descendis l'escalier au galop et je courus chez Garillac. Je le trouvai qui rentrait pour dîner. Je le fis monter en voiture. En route, je lui racontai tout ce que je pouvais lui apprendre sans trahir le secret de Léopold. Tout médecin qu'il était, le brave Armand avait les larmes aux yeux en m'écoutant

— Que peut-il résulter de cette crise ? lui demandai-je en montant l'escalier de la maison où logeait M.. de Kernys.

— Dieu le sait ! me répondit-il. Peut-être n'allons-nous retrouver qu'un cadavre ; peut-être un miracle vous le rendra-t-il ! Le tout est de savoir s'il aura la force de supporter cette épreuve.

Nous trouvâmes Léopold encore évanoui. Sa femme, agenouillée près de lui, ressemblait à la statue du désespoir. Il fallut près d'une demi-heure de soins pour rappeler Léopold à la vie. Le premier regard de Kernys fut pour sa femme ; le nom d'Henriette fut le premier qu'il prononça. Il nous tendit ensuite la main, à Garillac et à moi, et voulut nous remercier. Le docteur lui imposa silence et nous fit tous sortir de la chambre. Madame de Kernys s'installa dans l'autre pièce, et déclara qu'elle y passerait la nuit.

— Eh bien? demandai-je à Garillac en sortant.

— Mon cher ami, dit le docteur, je ne puis rien vous

dire maintenant. Demain matin, nous saurons peut-être à quoi nous en tenir.

Trois jours se passèrent dans les alternatives d'espoir et de crainte. Rien ne put décider madame de Kernys à quitter son mari un seul instant. Le quatrième jour, elle vint au-devant de Garillac, et nous annonça que Léopold avait passé une nuit plus calme et dormi quelques heures.

Après avoir longtemps examiné son malade, le docteur se tourna vers nous.

— Je crois que je puis répondre de sa vie maintenant, dit Armand en posant la main de Léopold dans celle de la jeune femme.

Celle-ci poussa un cri de joie et sauta au cou du docteur. Je crois qu'elle m'embrassa aussi. Nous avions tous trois les yeux humides.

Je restai encore deux jours à Marseille, puis je partis pour Paris. Tant que Léopold ne fut pas complétement hors de danger, je reçus tous les jours une lettre de madame de Kernys, qui me donnait des nouvelles de son mari. Au bout de trois mois, je les vis revenir à Paris. Ils n'y ont passé que fort peu de temps. Léopold me parut complétement rétabli, et le bonheur semblait l'avoir métamorphosé. Après avoir vendu leur mobilier et réglé diverses affaires, ils s'en allèrent en Italie. Depuis deux ans, ils habitent Florence. Ils ont déjà un petit garçon, et certaine phrase de la dernière lettre que j'ai reçue de Léopold me fait croire qu'il pourrait bien y avoir un second baptême avant peu. Les palpitations de cœur de M. de Kernys ont presque tout à fait disparu. Enfin, Henri de C..., qui les a vus l'année dernière, ne les appelle que les deux tourtereaux. « C'est, me disait-il encore l'autre jour, un des ménages les plus unis et les plus heureux que je connaisse. »

LE

SECRET DE FRANTZ

L'année dernière, vers la fin du mois d'octobre, je rencontrai sur le boulevard des Italiens un ancien camarade de collége, nommé A. D... C'est un garçon de sens et de talent, piocheur enragé, qui s'est déjà fait comme avocat un nom au Palais.

Comme nous travaillons beaucoup tous les deux, nous nous voyons assez rarement. Cela ne nous empêche pas de conserver une sincère affection l'un pour l'autre et de nous serrer la main avec un grand plaisir chaque fois que nous nous rencontrons.

— Veux-tu venir dîner avec moi? dis-je à D... J'ai une loge pour l'Opéra-Comique. En sortant de table, nous irons voir l'*Etoile du Nord.*

— Merci, me répondit-il d'un air tout préoccupé. Je ne suis pas en train de m'amuser ce soir.

— Qu'as-tu donc?

— Je dois jeudi prochain défendre aux assises un pauvre garçon auquel je m'intéresse vivement et qui me donne beaucoup d'inquiétude.

— De quoi l'accuse-t-on?

— D'avoir tenté d'assassiner sa femme.

— Diable! c'est fort grave.

— D'autant plus grave que tout se réunit pour l'accabler... et pourtant je suis convaincu qu'il n'est pas coupable. Depuis huit jours, je ne songe qu'à cette malheureuse affaire.

— Alors, accepte mon invitation. Au bout d'un certain temps l'intelligence se fatigue, lorsqu'elle est trop constamment tendue sur le même objet. Viens avec moi et tâche d'oublier ton affaire pendant quelques heures.

— Je le voudrais que je ne le pourrais pas.

— Eh bien, alors, nous en causerons. Tu me la raconteras. Qui sait? cela t'inspirera peut-être quelque bonne idée.

— Au fait, tu as raison, me dit-il après quelques instants de réflexion. Je sens que j'ai besoin de me reposer la tête. C'est même pour cela que j'étais sorti, au lieu de dîner chez moi comme d'habitude. Je suis à tes ordres.

Une demi-heure après, nous étions installés en face l'un de l'autre dans un des restaurants du boulevard. Tout en mangeant, mon ami me raconta ce qui suit. Quoique cette affaire soit bien connue de la plupart des personnes qui lisent les journaux judiciaires, j'ai changé les noms, même celui de la rue. La fin de mon récit fera suffisamment comprendre les motifs de ma discrétion.

Au coin de la rue Sainte-Croix-de-la-Bretonnerie et de la rue Bourtibourg se trouvait, il y a deux ans, une petite boutique d'orfévre. Derrière les carreaux s'étalaient quelques pièces d'argenterie... toujours les mêmes, hélas! depuis longtemps. Une montre vitrée, située à l'intérieur, contenait d'autres objets moins importants tels que bagues, croix d'or et d'argent, dés à coudre, couverts, etc. Deux calices, un ostensoir et quelques plats d'argent garnissaient tant bien que mal les étagères d'une sorte d'armoire placée au fond de la boutique, du côté de l'atelier. Quoique soigneusement entretenus, ces objets avaient un air vieux et enfumé. L'ensemble du magasin révélait une vente peu active.

L'orfévre, nommé Antoine Riéland, était un petit vieillard tout rabougri, à la barbe grise et rude, à la taille voûtée, aux traits creusés, au regard brusque et distrait. Une petite calotte de drap brodée en soutache verte couvrait son crâne dénudé. Il se tenait habituellement assis sur un grand tabouret placé dans l'atelier, tout près de la porte qui communiquait avec la boutique. De cette façon il surveillait, ou plutôt il était censé surveiller à la fois le travail de ses deux apprentis et le service du comptoir. En réalité, il ne surveillait rien et ne faisait pas grand'chose. La marotte du bonhomme était de s'occuper de mécaniques et d'inventions de tout genre. A ce jeu-là, il avait déjà mangé une assez jolie fortune, et perdu peu à peu presque toute la clientèle que son père lui avait laissée en mourant. Au fond, c'était un excellent homme, malgré ses dehors bourrus ; mais il n'avait aucune des qualités nécessaires pour réussir dans son état.

La femme de Riéland, douce et bonne créature qui ne voyait que par les yeux de son mari, avait succombé jeune encore aux suites d'une maladie de poitrine à laquelle le chagrin de leur ruine n'était peut-être pas étranger. Privé de sa fidèle compagne, Riéland s'était promptement affaissé, au moral comme au physique, sous le poids de l'infortune et des années. Il n'était certes pas dans la misère ; mais sa situation actuelle lui inspirait de tristes réflexions chaque fois qu'il la comparait à celle dont il jouissait une dizaine d'années auparavant. Au lieu de lutter, il se résignait et s'absorbait de plus en plus dans sa manie d'inventions. Je dis *manie* parce qu'il n'y entendait rien et n'avait jamais pu exécuter rien de convenable. Il passait sa vie perché sur son tabouret, tenant à la main un marteau et un burin presque toujours oisifs, et l'esprit perdu dans les nuages, à la poursuite de quelque invention impossible.

La seule consolation de l'orfévre, le seul rayon de soleil qui éclairât un peu son monotone et sombre intérieur, c'était sa fille Félicie.

Elle avait alors dix-huit ans. Les avis étaient partagés sur sa figure. Généralement cependant, on la trouvait jolie. Elle était petite, pâle et délicate. Il y avait quelque chose d'étiolé dans cette jeune fille. Son sourire doux et bon manquait de fraîcheur.

Près de son père, elle causait et riait gaîment, car elle savait que son sourire rayonnait dans le cœur du vieillard, et lui donnait du courage. Mais, dès que Riéland s'éloignait, elle reprenait son expression un peu mélancolique. Sa tête se penchait sur sa poitrine, et ses grands yeux aux paupières légèrement brunies ne laissaient plus passer qu'un regard triste et rêveur à travers leurs longs cils châtains.

— Qu'as-tu, mon enfant? lui demandait quelquefois son père lorsqu'il la surprenait ainsi.

— Rien, s'empressait de répondre Félicie, souriant et se hâtant de redresser sa taille affaissée : rien, mon père.

— Souffres-tu?

— Non, je t'assure.

— Désires-tu quelque chose?

— Je désire que tu m'embrasses, répondait-elle en riant et en lui sautant au cou.

— Voyons, reprenait le pauvre vieillard, dont la voix trahissait l'inquiétude et la profonde affection, tu t'ennuies peut-être ; veux-tu que je te mène ce soir au spectacle?

— J'aime mieux rester ici avec toi.

Elle disait vrai. Elle ne désirait absolument rien. C'était peut-être là son mal. Il faut un but à la vie, surtout à un certain âge où le cœur non moins que le corps a besoin d'exercice. Pour l'un comme pour l'autre, l'immobilité est fatale.

Puis, Félicie, qui ressemblait beaucoup à sa mère, avait aussi la poitrine un peu faible. Il lui aurait fallu le grand air, l'exercice et la vie des champs. Comme ces fleurs qu'on tient toujours renfermées dans un appartement, elle se fanait derrière son comptoir humide et sombre.

Le vieil orfévre ne se rendait pas exactement compte de l'état de sa fille. La voyant chaque jour, à toute heure, il ne remarquait pas les progrès, fort lents du reste, de la maladie. Encore ce dernier mot est-il trop fort pour caractériser l'état de la jeune fille, car chez Félicie il y avait plutôt disposition à la maladie que maladie même. Lorsque Riéland questionnait sa fille, il obéissait à un vague sentiment d'inquiétude bien plus qu'à un motif spécial de crainte.

Un jour, un jeune homme, dont le costume et la physionomie révélaient assez l'origine alsacienne, entra timidement dans la boutique et demanda M. Riéland.

— Que me voulez-vous ? lui dit en se retournant sur son tabouret et d'un ton un peu brusque l'orfévre qu'il venait de troubler dans ses interminables calculs.

L'autre, tout déconcerté, balbutia quelques mots. Les deux ouvriers se mirent à rire de l'accent et de la mine embarrassée du pauvre garçon. Il n'en fallait pas tant pour lui faire perdre la tête.

— Allons, laissez-nous travailler, lui dit l'orfévre, qui se méprit sur les intentions du jeune homme. Je ne suis pas assez riche pour faire l'aumône à un grand garçon comme vous. Bonsoir.

— Je ne demande pas l'aumône, fit l'Alsacien avec vivacité, je demande du travail.

— Avez-vous déjà travaillé comme orfévre?

— Un peu, murmura le pauvre diable, que Riéland poussait insensiblement vers la porte. Puis, mon père...

— D'ailleurs, interrompit l'orfévre, auquel il tardait de retourner à ses calculs, je ne sais pas pourquoi je vous fais cette question, car je n'ai nullement besoin d'ouvriers en ce moment. Au train dont va le commerce, je n'ai que trop des miens, murmura-t-il avec humeur.

Il poussa doucement l'Alsacien dehors et referma la porte.

— Pauvre garçon, dit Félicie, comme il a l'air malheureux !

— Que diable veux-tu que j'y fasse ! s'écria Riéland, ce n'est pas en ce moment, où je n'ai pas de quoi occuper mes ouvriers, que j'irai en prendre d'autres, n'est-ce pas?...

Il retourna en grommelant à son atelier et reprit ses calculs.

Félicie se leva doucement et s'avança sur la pointe

du pied jusqu'à la porte de la rue, pour voir ce qu'était devenu le jeune Alsacien. Elle l'aperçut à deux pas de là, assis sur une borne et la tête penchée sur sa poitrine. Il lui sembla que le pauvre garçon pleurait. Le bon cœur de la jeune fille ne put y résister. Le premier mouvement de Félicie fut d'appeler l'Alsacien et de lui donner quelque monnaie. Puis elle se rappela ce qu'il venait de dire à son père et craignit de le froisser en lui offrant une aumône. Il lui vint enfin une bonne inspiration. Les gens de cœur en trouvent toujours dans ces circonstances-là, les femmes surtout. Elle ouvrit la porte et fit signe au jeune homme, qui se hâta d'accourir.

— Monsieur, lui dit-elle avec un embarras presque aussi grand que celui de l'étranger, voulez-vous me rendre le service de m'acheter deux écheveaux de soie pareille à celle-ci, chez le passementier qui demeure là, au nº 15 ? Je suis seule au comptoir et je ne puis m'absenter. Tenez, voilà vingt sous pour payer.

Il partit en courant et revint presque aussitôt avec les deux écheveaux et la monnaie.

— Gardez cela pour votre peine, dit Félicie, en repoussant du geste l'argent qu'il lui tendait.

Il fit signe que non, et ses yeux se remplirent de larmes. Dans la monnaie qu'il venait de remettre à mademoiselle Riéland, se trouvait une pièce de cinquante centimes toute neuve, qui brillait au milieu des gros sous ; Félicie la prit en souriant et la glissa dans la main du jeune homme avec un geste si gracieux et un sourire si doux, que les yeux du pauvre garçon se mouillèrent encore.

— Eh bien ! soit, mademoiselle, je garderai cette petite pièce, dit-il à Félicie qui se détournait pour cacher une larme arrêtée au bord de ses longs cils ; mais, continua-t-il en roulant sa petite casquette poudreuse entre ses doigts, vous pourriez me rendre un bien plus grand service, mademoiselle...

— Lequel ?

— Dites à M. Riéland que je suis le fils d'Hermann Barth.

— D'Hermann Barth ? répéta Félicie un peu déroutée par la prononciation de son interlocuteur.

— Oui, mademoiselle : oh ! M. Riéland se rappellera bien ce nom-là !

Félicie courut à l'atelier :

— Mon père, dit-elle, ce jeune homme est le fils d'Hermann Barth.

— Qu'est-ce que cela me fait à moi, s'écria l'orfévre, qu'il soit le fils de... Tiens, tiens, tiens, reprit-il en changeant de ton peu à peu... Hermann Barth... mais, je connais ça, moi... un Alsacien, avec lequel j'ai travaillé chez Odiot... Comment ! c'est son fils ?... L'imbécile, pourquoi ne me disait-il pas cela plus tôt !

— Dame ! mon père, vous l'avez intimidé.

— Où est-il ?

— Dans la rue. Faut-il lui dire d'entrer?

— Parbleu!

Elle ne se le fit pas dire deux fois... Cinq minutes après, le jeune Alsacien, installé dans l'arrière-boutique, causait avec l'orfévre.

— Que fait maintenant votre père? lui demanda Riéland.

— Il est mort, monsieur, répondit Frantz.

— Déjà... si jeune! Quel âge aurait-il donc maintenant?... Au fait... il était mon aîné; et comme moi il s'était marié tard... Ce pauvre Hermann!... Et votre mère?

— Morte aussi.

— Ah!... Et votre oncle Karl, celui que nous appelions toujours Calebasse?

— Il demeure à Darmstadt, monsieur.

— Pourquoi ne lui avez-vous pas demandé une lettre de recommandation pour moi?

Le jeune homme rougit, et baissa la tête d'un air confus.

— Hum! hum! fit l'orfévre, qui remarqua l'embarras de son interlocuteur, est-ce que vous seriez brouillé avec votre oncle?... Hein?... Vous avez fait quelque sottise, je parie, mon garçon.

Un rouge pourpre couvrit les joues de Barth. Il ne répondit pas. Félicie, qui était restée appuyée contre la porte, sa broderie à la main, vint encore au secours du jeune homme. Elle se pencha vers le vieillard, et lui demanda tout bas s'il ne serait pas convenable d'offrir quelques rafraîchissements au voyageur.

— Sans doute, sans doute, dit Riéland.

— Je vais porter une bouteille de vin dans la cuisine ; vous y causerez plus à votre aise, reprit Félicie qui avait remarqué combien les regards et les sourires narquois des deux ouvriers embarrassaient l'Alsacien.

Remy Nantel, surtout, le premier ouvrier de l'orfévre, avait froncé le sourcil en voyant l'accueil amical fait au jeune étranger. Ce Rémy était un vieux garçon de quarante-cinq ans au moins, affligé d'une manie assez commune, celle de faire de l'esprit et des jeux de mots. Quoiqu'il eût beaucoup de ventre et peu de cheveux, une grande bouche et de petits yeux, le nez rouge et les dents noires, Rémy ne manquait point de prétentions. Comme on riait souvent de ses jeux de mots, presque toujours stupides, il regardait cela comme un succès. Il ramenait alors vers son front, avec un air risible de triomphe, deux ou trois mèches de cheveux empruntées au derrière de sa tête.

— Zidore, dit-il à l'apprenti dès que l'orfévre et Barth eurent quitté l'atelier, ce grand *Alchachien* me déplaît. On dirait un fourreau de parapluie. S'il vient travailler à l'atelier, je lui en ferai voir de grises à ce *mancheur* de choucroûte.

Pendant que les deux ouvriers se divertissaient aux dépens du nouveau venu, Riéland causait avec Frantz

Barth. Comme la plupart des vieillards, l'orfévre aimait ce qui lui rappelait sa jeunesse. En parlant du père de Frantz, il se trouvait reporté aux moments les plus heureux de sa vie. Aussi la conversation ne tarissait-elle pas de son côté. Quant au jeune Alsacien, il se contentait de répondre aux questions de l'orfévre. Il semblait avoir réservé toute son activité pour battre en brèche un *restant* de gigot que Félicie avait silencieusement déposé sur la table. L'orfévre parlait encore que tout le gigot avait disparu en compagnie d'un pain de deux livres à peine entamé.

— Diable ! fit Riéland, il paraît que vous avez bon appétit, mon garçon ? Tant mieux, tant mieux ! A votre âge, j'étais comme cela... Et votre père donc !... Je me souviens qu'un jour nous étions ensemble à Ville-d'Avray... Nous avons mangé à nous deux toute une longe de veau et un poulet. Ah ! nous étions de belles fourchettes alors. Maintenant, au contraire... mais laissons cela... Voyons, mon garçon, que venez-vous faire à Paris ?

— Chercher de l'ouvrage, monsieur.

— C'est facile à dire ; mais que savez-vous faire ? pas grand'chose, je le crains.

— C'est vrai, monsieur, mais j'ai bonne volonté...

— C'est quelque chose, mais cela ne suffit pas. Enfin, revenez demain... nous verrons de quoi vous êtes capable.

Le jeune homme se leva pour se retirer. Félicie crut

remarquer une expression de tristesse et d'embarras sur sa physionomie. Elle fit signe à son père, qui s'approcha d'elle.

— Père, lui dit-elle à demi-voix, M. Frantz ne connaît sans doute personne à Paris. Peut-être ne sait-il où descendre. Si on lui offrait, pour cette nuit, le petit cabinet où couchait Toinette.

— Au fait, dit l'orfévre, oui... D'ailleurs, je ne sais si je me trompe, mais je crois que le gaillard n'a pas le gousset bien garni.

Après un moment d'hésitation, Frantz accepta l'hospitalité que lui offrait Riéland. Félicie courut tout préparer. Le pauvre jeune homme, qui était venu à pied de Meaux dans la journée, tombait de fatigue et de sommeil. On n'eut pas besoin de beaucoup le presser pour le décider à se coucher lorsque le lit fut prêt.

— Il a l'air d'un brave garçon, dit Riéland à sa fille ; seulement, il y a quelque chose qui me déplaît dans son histoire.

— Quoi donc ?

— Il est évidemment en mauvais termes avec son oncle, et je vois qu'il tient à cacher la cause de cette brouille. Il doit y avoir quelque chose là-dessous. J'écrirai à Karl pour savoir la vérité.

Il n'était pas besoin de regarder longtemps Frantz Barth pour deviner son origine. Ses cheveux blonds, ses yeux bleus, son teint d'un rose brique uniforme et sa taille élancée, révélaient au premier coup d'œil qu'il avait vu le jour sur les bords du Rhin. La douceur et la bonté se peignaient sur sa physionomie, qui manquait peut-être un peu d'expression. Il n'était ni sot ni niais, un peu simple tout au plus ; mais une timidité poussée à l'excès lui donnait quelquefois un air embarrassé, inintelligent même, qui lui nuisait excessivement. Son accent étranger et la difficulté qu'il éprouvait à s'exprimer y contribuaient beaucoup, il est vrai. Il semblait extrêmement triste, et son sourire même avait quelque chose de douloureux. En somme, c'était un assez beau garçon de vingt-trois ans, qui en paraissait vingt tout au plus, et dont la figure un peu naïve était généralement sympathique et prévenait en sa faveur.

Les huit premiers jours de son début dans l'atelier de Riéland furent pour Frantz une rude épreuve. Il ne comprenait pas toujours très-bien ce que lui disait l'orfévre et n'osait le faire répéter. Aussi, quoique naturellement fort adroit, il lui arrivait souvent de faire le contraire de ce qu'on lui avait commandé. Il voyait que les deux autres ouvriers se moquaient de lui à la sourdine, et cela le troublait encore davantage.

D'un autre côté, le caractère de Riéland se ressentait malheureusement des chagrins qu'il avait éprouvés. Quoique bon homme au fond, il s'impatientait vite. Il aurait voulu que l'on comprît à demi-mot des explications que le plus souvent il donnait fort mal, parce qu'il songeait à autre chose. Ainsi que la plupart des gens qui ont mal réussi dans leur carrière, soit par leur faute, soit par celle des circonstances, il se montrait surtout beaucoup trop disposé à jeter, comme on dit, le manche après la cognée. Vingt fois par jour, durant la première semaine, il se levait avec impatience de son tabouret et venait épancher sa mauvaise humeur dans la boutique pour ne pas l'exprimer tout haut devant ses ouvriers. Au fond, ce qui l'exaspérait le plus, c'était de se voir interrompu à chaque instant dans ses éternels calculs de mécanique par les questions de son nouvel apprenti. Rendu plus craintif encore par l'humeur de son patron, celui-ci n'osait, en effet, donner un seul coup de brosse sans le consulter.

— Qu'y a-t-il, père? demandait Félicie, lorsqu'elle voyait l'orfévre arpenter la petite boutique d'un pas furibond.

— Ce Frantz me fera damner! s'écriait Riéland en tortillant son bonnet sur sa tête... Impossible de lui faire comprendre!... Figure-toi...

Et il racontait à Félicie quelque bévue du pauvre Alsacien.

— Je serai obligé de le renvoyer, reprenait-il.

— Pauvre garçon, disait Félicie, il a l'air si doux, si honnête!

— Mon Dieu, oui! il est plein de bonne volonté, mais enfin cela ne suffit pas.

— Les deux autres ouvriers l'ahurissent avec leurs

ricanements. D'ailleurs, si vous le renvoyez, vous, l'ami de son père, qui en voudra? Il faudra donc qu'il meure de faim.

— Oh ! je te reconnais bien là, toi! Si l'on t'écoutait, on ne renverrait jamais un ouvrier. C'est comme du temps de ce vieux Mathurin Royat. Tout ce qu'il cassait dans la maison, tu le prenais sur ton compte. En voilà encore un qui m'en a gâté de l'ouvrage! Allons, bon! j'entends Nointel et Isidore qui recommencent à rire. Je parie que ton Alsacien est en train de faire quelque nouvelle bêtise.

Prévoyant un orage, Félicie se levait bien vite, prenait le bras de son père d'un air câlin, et passait avec lui dans l'atelier. La plupart du temps, Frantz avait, en effet, commis quelque maladresse. La tête basse, rouge jusqu'aux oreilles, il attendait les reproches avec une résignation douloureuse. Ses deux voisins riaient sous cape et regardaient l'objet endommagé de manière à le faire encore mieux remarquer au patron. Félicie intervenait alors. D'un coup d'œil, elle imposait silence aux ouvriers. Puis, s'adressant à Frantz de sa voix la plus douce, elle lui expliquait lentement et avec force détails le travail qu'on lui demandait d'accomplir. Dans la crainte qu'il n'eût pas encore bien compris, elle recommençait souvent deux ou trois fois son explication. Calmé, rassuré par cette voix caressante, le pauvre garçon se remettait à la besogne. Souvent Félicie, au lieu de s'éloigner tout de suite, restait à côté de Frantz et le regardait travailler. Lorsqu'il se trompait encore, ce qui était bien rare, elle lui montrait son erreur, sans impatience et sans vivacité. Alors tout marchait admirablement. L'orfévre se replongeait dans ses calculs, et Félicie, regagnant silencieusement son comptoir, se remettait à sa broderie.

Dès la seconde semaine, tout avait changé de face. Il se passait chaque jour dans la personne et dans l'esprit de Barth quelque chose d'analogue à ce qu'éprouve un homme dont les membres contractés par un froid rigoureux se détendent et s'assouplissent dans une température plus chaude. Comme la plupart de ses compatriotes, il était adroit et patient, et, comme eux aussi, il avait un talent particulier pour faire une foule de petits ouvrages en bois. Cette dernière qualité fit plus que tout le reste pour lui conquérir l'affection de Riéland. Il s'empressa d'utiliser pour ses mécaniques l'adresse et l'inépuisable complaisance du jeune Alsacien. Tout en tarabustant quelquefois son ouvrier, Riéland l'aimait beaucoup et ne pouvait s'en passer. Il en parlait souvent à Félicie.

— Ton élève a fait ceci, ton élève a fait cela, disait-il à la jeune fille.

Barth était resté en possession du petit cabinet qu'il avait occupé le jour de son arrivée. Il prenait ses repas avec Riéland et sa fille. Cela amenait naturellement une sorte d'intimité dont les deux autres ouvriers se montraient fort jaloux. Puis, Frantz vivait complétement en dehors d'eux et ne partageait aucun de leurs plaisirs. Ce garçon n'avait aucun des goûts des jeunes gens de son âge. Bien qu'il gagnât déjà d'assez bonnes journées chez l'orfévre, il était d'une économie extraordinaire. Il n'avait jamais d'argent cependant. Que faisait-il du sien? Ce problème paraissait d'autant plus difficile à résoudre pour Félicie que Barth ne sortait jamais. Il passait toutes ses soirées avec l'orfévre et la jeune fille. Celle-ci brodait ou lisait à haute voix. Les deux hommes taillaient des morceaux de bois et montaient des rouages pour les mécaniques du père Riéland.

Le dimanche, on allait se promener au Luxembourg, aux Tuileries, ou bien, suivant la saison, à quelque campagne des environs de Paris. Alors, Frantz donnait le bras à Félicie. Les premiers jours, cet honneur avait rendu l'ouvrier rouge comme un coquelicot. Il se tenait à trois pieds de la jeune fille. A peine, en allongeant le bras de toute sa longueur, pouvait-elle poser l'extrémité de ses doigts sur la manche de son cavalier. Mais la gaucherie de Frantz finit aussi par disparaître sous ce rapport comme sous les autres. Le jeune homme ne tarda pas à se rapprocher, et peut-être à la fin serrait-il le bras de Félicie contre sa poitrine un peu plus que cela n'était nécessaire. Après tout, elle ne s'en plaignait pas.

Depuis l'arrivée du jeune Alsacien, une grande amélioration s'était produite dans la santé de Félicie. Les couleurs reparaissaient sur ses joues. Ses lèvres aussi étaient plus rouges. Son rire avait des intonations plus fraîches, plus sonores et plus franches. L'amour avait réchauffé son cœur, et toute sa constitution s'en ressentait. La jeune fille aimait Frantz et ne cherchait pas à se le dissimuler. Quelque chose lui disait au fond du cœur que Barth partageait son amour. Cependant, diverses circonstances lui inspiraient une inquiétude involontaire.

Une chose la préoccupait beaucoup. Frantz recevait fréquemment d'Allemagne des lettres provenant évidemment de la même personne, car l'écriture de l'adresse était toujours la même. Chaque fois que Félicie portait une de ces lettres au jeune Alsacien, ou que le facteur la remettait devant elle, Frantz se troublait et rougissait jusqu'au blanc des yeux. Au lieu d'ouvrir immédiatement sa lettre, il la mettait dans sa poche, et ne la lisait que lorsqu'il était rentré dans sa chambre. Il paraît que son correspondant ne lui annonçait jamais que de mauvaises nouvelles ; car, à chaque lettre, Frantz était triste et sombre pendant plusieurs jours. Il fuyait Félicie elle-même, et ses yeux se baissaient précipitamment chaque fois qu'ils rencontraient le regard affectueux et inquiet de la jeune fille.

Frantz n'avait d'autres parents que son oncle Karl Barth, qui habitait Darmstadt. Or, les lettres portaient le timbre d'Ansbach. Puis, Félicie savait d'une manière certaine que Karl n'était pas en correspondance avec son neveu. En réponse à la lettre relative à Frantz,

Barth avait écrit à l'orfévre qu'il ne voulait plus entendre parler de ce jeune homme.

« Ce garçon, que je regardais comme mon héritier, comme mon fils, écrivait-il à Riéland, a commis une faute que je ne lui pardonnerai jamais. Il est inutile que je vous dise ce que c'est. Cela me concerne particulièrement et ne touche en rien à la probité de Frantz. Vous pouvez donc le garder sans crainte dans votre atelier; seulement, ne m'en reparlez jamais. »

D'après cette lettre, que Riéland avait montrée à sa fille, il était assez évident que Frantz ne recevait pas de lettres de son oncle. Quel était donc le correspondant du jeune Alsacien! Un ami?... Il en aurait parlé quelquefois. Puis, avec cette diplomatie intime pour laquelle nul ambassadeur ne saurait lutter contre la femme même la plus bornée, Félicie était parvenue à s'assurer que Frantz n'avait aucun ami en Allemagne. Une femme alors...? Ceci était plus probable; cependant, l'écriture, remarquablement belle et régulière, semblait tracée par une main d'homme.

Tout cela intriguait Félicie à un point extraordinaire. Comme c'était presque toujours à la jeune fille que le facteur remettait toutes les lettres, elle éprouvait des tentations folles d'ouvrir celles de Frantz. Ces lettres lui brûlaient les doigts : elle les fixait quelquefois comme si son regard eût pu pénétrer à travers l'enveloppe. Du reste, elle n'en aurait pas été plus avancée, car les lettres étaient écrites en allemand. Il est vrai que cette impossibilité devait prochainement disparaître, Félicie ayant déjà commencé à apprendre l'allemand avec Barth auquel, en retour, elle donnait des leçons de français. Le pauvre garçon en avait grand besoin : il estropiait notre langue d'une façon déplorable. Cela lui attirait sans cesse les railleries de Rémy et d'Isidore. Ce dernier surtout, malin comme un singe, et gâté par Riéland qu'il amusait par ses reparties, se montrait fort jaloux de l'affection que Félicie témoignait au jeune ouvrier. Il éprouvait pour la fille de son patron un de ces amours comme en ressent tout écolier pour la première femme un peu jolie avec laquelle il se trouve en fréquentes relations. Puis, ce gamin, aussi intelligent que précoce, et déjà vicié par de mauvaises connaissances, avait une ambition assez commune, celle de devenir riche en peu de temps, sans peine et sans travail. Un mariage avec la fille de l'orfévre, qu'il regardait naturellement comme une riche héritière, lui aurait singulièrement convenu. Il en avait tant vu de ce genre dans les romans qu'il lisait soir et matin, que cela lui semblait tout naturel.

— Quelles fines parties nous ferions, disait-il un jour à Nointel dans un moment d'épanchement, et quels bons dîners je vous paierais si je pouvais donner dans l'œil à quelque jolie demoiselle comme mademoiselle Félicie !

— Tu es trop jeune encore, répondait Nointel en jetant un regard complaisant sur sa propre personne. Pour plaire au beau sexe, il faut un peu plus d'âge et d'expérience.

— Cinquante ans, n'est-ce pas? reprenait Isidore, piqué de cette observation..., avec un ventre de milord et une tête à perruque?

Malgré ses prétentions au bel esprit, Nointel n'était pas de force avec l'apprenti. Il se contentait de hausser les épaules d'un air méprisant et se remettait à travailler comme s'il dédaignait de répondre à un enfant.

— Oui, oui, reprenait l'apprenti, faites le joli cœur, mon bonhomme; cela n'empêche pas que cet Alsacien vous coupe l'herbe sous le pied comme à moi. Vous avez beau mettre vos plus brillantes cravates, vous planter des faux-cols qui vous scient les oreilles, et rouler vos yeux comme une carpe qu'on vient de pêcher, mademoiselle Félicie ne s'occupe pas plus de vous que de moi. Ce n'est pas l'âge qui vous manque pourtant, mon pauvre vieux.

Le malin apprenti disait vrai. Plus d'une commère du quartier s'était déjà moquée de Nointel à ce sujet. Sous un prétexte ou sous un autre, Rémy allait volontiers causer dans les boutiques voisines et faire l'aimable auprès des dames de comptoir. Comme on connaissait ses prétentions, on s'amusait à le plaisanter. Tout cela piquait le vieux garçon, et lui faisait prendre en grippe le jeune Alsacien. Celui-ci commençait aussi à le supplanter dans les travaux de l'atelier. Nointel était un peu, en effet, comme ces vieux chefs de bureau dont l'esprit étroit et routinier se tire tant bien que mal de leur besogne quotidienne, mais qui seraient incapables de rien faire en dehors de leurs formules habituelles.

Depuis vingt ans, le goût et le talent de Rémy étaient restés stationnaires. Or, tout avait marché pendant ce temps-là, et, sans qu'il s'en aperçût, l'ouvrier se trouvait fort distancé. Les clients de l'orfévre le remarquaient et ne se gênaient pas pour le dire à l'orfévre. Tout est relatif dans la vie : le général qui vient de se laisser battre par une armée moins nombreuse que la sienne n'est pas plus humilié que ne l'était Rémy à chaque avantage remporté par le jeune Alsacien.

Quoique Riéland fût peu causeur et ne voisinât guère, il ne pouvait éviter complétement ces relations qui s'établissent forcément dans certains quartiers entre gens dont les magasins se touchent et qui ont souvent recours l'un à l'autre, ne fût-ce que pour changer un billet de banque ou une pièce d'or. A diverses reprises, on lui glissa quelques mots sur le mariage de sa fille avec le jeune Alsacien. Comme on voyait toujours Barth et Félicie ensemble, et comme Frantz semblait presque faire déjà partie de la famille, ces suppositions n'avaient rien de bien étonnant. Dans le commencement, le bonhomme se contentait de hausser les épaules avec impatience. Un jour pourtant, après une conversation de ce genre, au lieu de rentrer chez lui, il se promena plus d'une heure sur le quai, les deux mains derrière le dos.

Puis, tout à coup, comme un homme qui vient de prendre un parti énergique, il revint à son comptoir, monta dans sa chambre tout d'un trait, et se mit à écrire une longue lettre à son ami Karl Barth.

— Viens-tu dîner, père? lui demanda sa fille, qui entrait dans sa chambre au moment où il cachetait sa lettre.

— Tout de suite, mon enfant; laisse-moi seulement porter ceci à la poste.

— A qui donc écris-tu cette longue épître? reprit la jeune fille, pour laquelle Riéland n'avait jamais un secret.

— Tu es trop curieuse, répondit-il en l'embrassant. Je te dirai cela plus tard.

Félicie n'en demanda pas davantage, mais je ne voudrais pas jurer qu'elle n'eût déjà eu le temps de lire l'adresse. Ce qu'il y a de certain, c'est qu'elle rougit un peu et qu'elle embrassa son père plus tendrement encore que d'habitude.

Deux ou trois jours plus tard, un mercredi soir, à la fin du mois, Riéland, Félicie et Barth tenaient un grand conseil. Il s'agissait de choisir l'endroit où l'on irait passer la journée du dimanche. Après avoir cité l'un après l'autre tous les environs de Paris, on se décida pour Enghien.

Dès six heures du matin, le lendemain, tout le monde était sur pied. Pour la plupart des boutiquiers de Paris, la journée du dimanche est une affaire importante. On pense tout le reste de la semaine à ce bienheureux jour de repos et de liberté. On serait désolé d'en perdre une minute.

Le premier départ pour Enghien avait lieu à 7 heures et demie. Félicie proposa d'en profiter ; mais son père, qui attendait de jour en jour la réponse de Karl Barth, ne voulait sortir qu'après avoir reçu son courrier. Pour se rendre à pied de la rue Bourtibourg à place Lafayette, où se trouve la gare du chemin de fer du Nord, et arriver quelques minutes avant le second départ, celui de 9 heures 50 m., il fallait partir du magasin à 8 heures et demie au plus tard. Le facteur n'était pas encore venu lorsque sonna la demie : Riéland perdit patience.

— Partons, dit-il ; si j'ai des lettres, nous les retrouverons en rentrant.

Une heure après, l'orfévre, sa fille et Frantz roulaient vers Enghien dans un wagon de 2e classe. Dans le même compartiment se trouvaient deux jeunes gens à peu près du même âge que Barth. Demi-bottes vernies provenant évidemment d'un magasin de confection, canne à pomme de chrysocale, gants paille à leur seconde édition, cravate flamboyante, habit noir et pantalon noir à neuf heures du matin... tout cet ensemble sentait le commis de magasin de nouveautés. Ces messieurs étaient fort gais, fort turbulents même. Frantz, qui admirait de bonne foi leur toilette et leur élégance, trouva bientôt qu'ils regardaient un peu trop mademoiselle Riéland. Puis ils avaient une manière de se confier mutuellement à haute voix leur admiration dithyrambique pour la jeune fille, et de se mettre ensuite à rire, qui embarrassait beaucoup Félicie.

Malgré sa douceur et son caractère essentiellement pacifique, Frantz rougissait de colère. N'eût été la timidité qui l'empêchait toujours de prendre la parole et de commencer sa première phrase, il aurait apostrophé fort rudement les deux commis. Quant au père Riéland, absorbé comme toujours dans ses calculs, il était sourd, aveugle et muet. Félicie, quoique très-mécontente des propos des deux freluquets, était au fond du cœur tout heureuse de la jalousie qu'elle voyait étinceler dans les yeux du jeune ouvrier. Seulement elle craignait une querelle. Cela finit en effet par arriver.

Lorsqu'on sortit des wagons, à la gare d'Enghien, les deux commis, encouragés par le silence de Frantz et de Riéland, se mirent à suivre Félicie et continuèrent leurs sornettes. Cette fois, Frantz perdit patience. Il lâcha le bras de la jeune fille et courut à ses persécuteurs. Un d'eux eut le malheur de lever sa canne. Il n'en fallait pas tant... Frantz lui arracha son jonc de pacotille qu'il mit en morceaux et qu'il jeta dans la douve, où le commis ne tarda pas à le rejoindre avec une basque de moins à son habit. L'autre commis, plus vigoureux, tenait bon et rendait bravement à Frantz la monnaie de ses horions. Enfin, quelques passants intervinrent et séparèrent les combattants. Tout le monde donna tort aux deux commis. Celui qui avait roulé dans la douve, et aux dépens duquel on riait, voulut faire le matamore et parla de duel.

— Je ne demande pas mieux ! s'écria Frantz ; quand vous voudrez !

L'autre marmotta quelque bravade d'un ton moins assuré.

— Voyons, voyons, filez votre nœud, décampez, dit à ce dernier un vieil officier qui était au nombre des spectateurs. Vous n'avez nulle envie de vous battre, et ce brave garçon a fort bien fait de vous corriger. Décampez, vous dis-je, ou je vous fais arrêter.

Tout le monde applaudit. Les deux commis baissèrent la tête et se retirèrent fort confus.

Félicie prit le bras de Frantz et s'éloigna avec Riéland et le jeune Alsacien. Elle gronda Frantz de sa vivacité ; mais, au fond du cœur, elle en était fière et reconnaissante.

— Ah çà, dit le père Riéland qui n'avait compris qu'à moitié tout cet incident, quelle mouche t'a donc piqué, Frantz ? Pourquoi chercher querelle à ces deux jeunes gens ? Moi qui te croyais un mouton !

— C'est un mouton enragé, mon père, répondit Félicie en riant, quoiqu'elle tremblât encore un peu. Aussi je suis en train de le gronder... Oh ! mais !... malheureusement, cela ne produit pas beaucoup d'effet, ajouta la jeune fille du même ton, en se penchant pour regarder Frantz, qui la contemplait avec amour.

Le bonhomme secoua la tête et sourit dans sa barbe.

Après le déjeuner, Félicie témoigna le désir de faire une promenade sur le lac. On se rendit à l'embarcadère. Frantz voulut prendre les avirons; mais l'orfévre, qui ne brillait pas par l'intrépidité, surtout sur l'eau, exigea qu'on prît un batelier.

Il faisait un temps magnifique. Le soleil, glissant ses rayons à travers le feuillage des arbres qu'agitait une brise légère, dorait de capricieuses lueurs la surface limpide du lac. Sous l'impulsion des avirons, l'onde s'entr'ouvrait en murmurant devant le bateau pour se rejoindre derrière lui en un sillon d'argent. L'azur du ciel se reflétait sur la surface du lac, qu'effleurait de temps en temps l'aile rapide de quelque hirondelle. On entendait dans le bois voisin le ramage joyeux des oiseaux qui sautillaient de branche en branche.

Riéland s'était placé à l'avant de l'embarcation. En regardant le mouvement des avirons, il lui était venu à l'idée d'inventer un système pour remplacer les rameurs. Cette préoccupation lui faisait oublier ses terreurs : la barque aurait pu sombrer, qu'il ne s'en serait aperçu qu'au moment d'être submergé.

Assise à l'arrière, sur un grand manteau que Frantz avait apporté, Félicie se laissait aller à ce plaisir indicible de vivre et de respirer que peuvent comprendre ceux-là seulement qui relèvent de maladie, ou dont l'existence se passe dans un réduit privé d'air et de soleil. Sans regarder Frantz, elle sentait pour ainsi dire la tendresse qu'exprimaient les yeux du jeune homme toujours fixés sur elle. Les regards passionnés de Frantz rayonnaient jusque dans le cœur de Félicie, et lui causaient une ineffable sensation de bonheur, analogue à celle que l'air pur et frais produisait sur la poitrine de la jeune fille. Elle aspirait la vie par tous les pores. Quelquefois, oppressée par ce sentiment inouï de bonheur, elle fermait les yeux comme pour se reposer et pour replier son cœur sur les sensations qui l'enivraient. En ouvrant à demi ses paupières, elle rencontrait le regard inquiet et passionné de Frantz. Par un signe de tête accompagné d'un doux sourire, elle rassurait le jeune homme, et trouvait une nouvelle jouissance à suivre les changements de la physionomie de Barth, qui s'éclairait instantanément au sourire de Félicie.

— Mon Dieu, qu'il fait bon vivre! murmura la jeune fille, n'est-ce pas, Frantz?

— Oh oui! répondit-il avec une sorte de distraction.

— A quoi pensez-vous donc? reprit-elle.

— Je ne sais. Il me semble par instants que je ne suis plus sur la terre et qu'en rouvrant les yeux je vais me trouver dans un autre monde.

— Tout seul?

— Oh! non, non! avec vous!

— Et mon père? dit-elle avec ce ravissant sourire

que l'enivrement du cœur fait seul éclore sur les lèvres.

— Et votre père aussi, répliqua-t-il avec vivacité, mais avec un accent bien différent.

— Qui sait? pensa Félicie. Que mon père consente à notre mariage, et ce rêve peut se trouver bientôt réalisé.

Elle eut un regard qui trahit sa pensée ; mais le jeune homme ne le vit pas. La tête penchée sur sa poitrine, il suivait d'un air pensif le sillage du bateau.

A ce moment, un des nombreux cygnes dispersés sur le lac s'approcha de l'embarcation. Entr'ouvrant ses belles ailes blanches et se maintenant bord à bord avec le canot, il avança vers Félicie son cou souple et gracieux. La jeune fille surprise se rejeta en arrière.

— N'ayez pas peur, mademoiselle, lui dit le batelier ; il ne vous mordra pas ; c'est du pain qu'il vous demande.

— Oh ! le pauvre animal ! s'écria Félicie. Dieu qu'il est beau !

Promptement rassurée, elle passa sa petite main sur la tête du cygne, qui se laissait tranquillement caresser. De temps en temps seulement, il secouait ses ailes d'un air impatient, et fourrait son bec entre les doigts de la jeune fille pour y chercher les friandises sur lesquelles il comptait.

— N'as-tu donc rien à me donner ? semblait-il lui dire.

—Quel dommage que je n'aie pas apporté de gâteaux! s'écria Félicie.

— Voulez-vous du pain, mademoiselle, j'en ai dans ma poche?

— Oh! oui, bien volontiers.

— Vous êtes Allemand! dit Frantz au batelier, tandis que Félicie distribuait le pain à deux ou trois cygnes groupés autour du bateau.

— Oui, monsieur, et vous aussi?

— J'ai demeuré huit ans en Allemagne; puis, je suis de Vendenheim.

— Ce n'est pas bien loin de chez moi.

— De quel endroit êtes-vous donc?

— De Carlsruhe.

— En effet. Comment se fait-il que vous soyez batelier à Enghien?

—J'étais venu à Paris pour... pour une affaire enfin... ajouta-t-il après un instant d'hésitation... La maladie m'a pris en arrivant. J'ai mangé ce que j'avais mis de côté pour le retour. Alors il m'a fallu trouver du travail. Le maître de l'auberge où je logeais, à La Chapelle Saint-Denis, m'a fait venir ici. J'y suis resté.

Frappée de l'accent sombre et morne du batelier, Félicie l'examina plus attentivement. C'était un homme de trente ans environ. Ses traits profondément accusés, son front bas et étroit, ses sourcils contractés, ses yeux un peu égarés annonçaient un caractère violent et peu intelligent. En même temps cependant, il y avait de la bonté sur cette physionomie presque farouche.

Félicie remarqua aussi qu'il était fort pâle et paraissait malade. Par instants même, il portait la main à son côté comme pour comprimer une vive douleur.

— Est-ce que vous êtes malade ? lui demanda-t-elle.

— Non, mademoiselle, presque plus. Seulement, l'autre jour, en soulevant un paquet trop lourd, j'ai fait un effort ; il m'en est resté un point de côté qui me fait un peu souffrir.

— Il faudrait vous reposer, dit Félicie.

—Donnez-moi les avirons, lui dit Frantz en allemand, cela m'amusera.

En entendant la langue de son pays, le batelier changea de physionomie. Sa figure sembla s'éclairer. Il refusa néanmoins d'accepter l'offre de Frantz ; mais ce dernier l'y força.

— Gagnez-vous passablement à ce métier-là ? lui demanda le jeune Alsacien.

— Comme cela, monsieur. Si j'étais seul, je gagnerais bien de quoi vivre ; mais j'ai un petit garçon de six ans qui est continuellement malade. Il me faut payer quelqu'un pour le garder pendant que je suis ici. Avec les drogues et les médecins, tout y passe.

— Vous êtes veuf? dit Félicie.

— C'est tout comme. Voilà trois ans que ma femme m'a quitté.

— Qu'est-elle devenue ?

— Je l'ignore...., heureusement pour elle, la malheureuse! ajouta-t-il en fronçant ses épais sourcils. Cette femme-là a fait le malheur de ma vie, voyez-vous..... J'en étais fou... Je me tuais au travail pour lui donner tout ce qu'elle désirait. Elle était jolie et ne le savait que trop. Il lui fallait toujours des tabliers et des bijoux..... J'avais beau faire, elle n'était jamais contente. Un jour qu'on m'avait envoyé faire une commission, elle est partie... avec quelque galant, sans doute. Elle a emporté tout ce qu'il y avait de quelque valeur dans notre pauvre maison. J'ai couru après elle, mais il m'a été impossible de retrouver ses traces. D'ailleurs je n'ai pu partir tout de suite, car, à mon arrivée, j'ai trouvé mon pauvre petit garçon presque à l'agonie. En jouant avec les petits du charpentier, mon voisin, il était tombé du haut d'une pile de bois, et s'était brisé les reins. Les médecins sont parvenus à sauver ce pauvre enfant, mais il restera infirme toute sa vie. Puis, il est toujours malade. Au premier moment, j'ai failli tuer le charpentier; mais ce n'était pas de sa faute, à cet homme. Lui qui n'a pas le temps de surveiller ses propres enfants, on ne pouvait pas lui demander de garder les enfants des autres.

Quelqu'un m'avait dit que ma femme pourrait bien avoir pris du côté de la France. J'avais aussi cette idée. Au bout d'un an... — le temps m'a paru long... allez... — quand le petit a pu supporter le voyage, je suis venu à Paris. Voilà deux ans déjà que je suis en France.

Ce récit fait simplement et avec une douleur d'autant

plus profonde qu'on la sentait contenue, émut vivement les deux jeunes gens. Quand cet homme parlait de son fils, sa physionomie prenait une expression de tendresse vraiment touchante. Félicie avait les yeux remplis de larmes.

— Ecoutez, mon brave homme, lui dit la jeune fille, vous m'avez avoué tout à l'heure que l'hiver était la mauvaise saison pour vous, parce qu'il fallait revenir à Paris, où vous ne trouviez pas toujours de l'ouvrage. Si vous étiez trop embarrassé quelque jour, et si vous aviez besoin de quelque chose pour votre petit garçon, venez nous voir au magasin d'orfévrerie qui fait le coin de la rue Bourtibourg et de la rue Sainte-Croix-de-la-Bretonnerie. Nous ne sommes malheureusement pas riches, mais enfin nous pourrons toujours vous procurer quelque soulagement pour le petit. Comment s'appelle-t-il ?

— Frantz, mademoiselle : si vous saviez comme il a une jolie figure et comme il est intelligent !

Cédant à une de ces impulsions parties du cœur qui ne vous laissent pas le temps de réfléchir, Félicie prit dans sa poche la bourse en soie qui contenait tout son argent ; puis, comme Frantz regardait d'un autre côté, elle glissa son petit trésor dans la main du batelier.

— C'est pour votre petit garçon, lui dit-elle tout bas, en lui faisant signe de se taire.

— Que Dieu vous récompense, mademoiselle ! murmura l'Allemand les larmes aux yeux.

Quoiqu'il semblât regarder d'un autre côté, Barth n'avait perdu aucun détail de cette petite scène. Il se retourna brusquement et ses yeux se fixèrent sur ceux de Félicie avec une telle expression de reconnaissance et d'amour que la jeune fille, se voyant devinée, rougit jusqu'au front. Elle voulut parler et murmurer quelques plaisanteries, mais son émotion ne le lui permit pas. Ses yeux humides confondirent leurs regards avec ceux de Frantz. Puis, les mains des deux jeunes gens se rencontrèrent et échangèrent une rapide et tendre étreinte. Un incident burlesque interrompit brusquement cette petite scène muette. Un des avirons que Frantz avait lâché, et qui restait maintenu sur le bord du bateau par le crochet, traînait encore dans l'eau. L'impulsion du canot ramena la poignée de cet aviron sur la poitrine du jeune Alsacien qui, pris à l'improviste, se renversa en arrière sur le banc. Félicie poussa un cri d'effroi, et saisit le bras de Frantz qui se relevait déjà en riant tandis que le batelier attrapait l'aviron. Le jeune homme n'avait eu aucun mal, et n'avait même couru aucun danger.

Pour mieux réfléchir à ses combinaisons, le père Riéland s'était assis, tout seul, sur un rouleau de cordes, les deux coudes appuyés sur les genoux et le front entre ses deux mains. La secousse qu'éprouva l'embarcation fit glisser le bonhomme vers le milieu du bateau. Il arriva ainsi presqu'à l'endroit où, dans toutes les petites embarcations, séjourne un peu d'eau. Plongé dans ses calculs, Riéland s'était à peine apercu de sa glissade.

Tout à coup, cependant, il éprouva une sensation de fraîcheur inusitée. Il porta machinalement la main à la partie de son individu ainsi mise au frais. Sa main s'enfonca dans les cinq ou six pouces d'eau qui se trouvaient au fond de l'embarcation. Subitement ramené à la vie réelle, et comme un homme réveillé en sursaut, Riéland se crut noyé. Il se dressa d'un bond en poussant un cri percant. On courut à lui, mais il avait déjà repris son sang-froid, et s'était rendu compte de l'incident. Ce jour-là, il était d'assez bonne humeur, de sorte qu'il fut le premier à rire de son aventure.

— Est-ce que nous ne dînerons pas bientôt? dit le bonhomme; je commence à avoir grand faim, moi.

On dirigea la barque vers un des bosquets qui entourent le lac. Forcé de retourner à l'embarcadère, le batelier prit congé des deux jeunes gens en les remerciant avec effusion. Frantz et Félicie étalèrent sur l'herbe, au pied d'un arbre touffu, les provisions qu'on avait apportées dans un panier.

Félicie, qui mangeait fort peu d'habitude, manœuvrait consciencieusement, ce jour-là, sa fourchette et son couteau.

— Sacrebleu, quel appétit! lui dit son père.

— Tu me le reproches, fit-elle en riant?

— Grand Dieu, non! s'écria le vieillard. Rien au monde ne pouvait me faire plus de plaisir. Je suis tout heureux de voir combien ta santé se raffermit depuis quelque temps.

Elle ne répondit pas, mais elle laissa glisser jusqu'à Frantz un regard qui semblait dire :

— C'est à lui que je dois cette amélioration.

Le dîner fini, Riéland s'installa sous un arbre avec un crayon, du papier et force petits morceaux de bois. Cinq minutes après, il dormait profondément.

Sa fille et le jeune Alsacien s'éloignèrent un peu et vinrent s'asseoir sur le bord du lac. Frantz semblait triste et préoccupé.

Le soleil descendait à l'horizon. Les bateaux épars sur le lac regagnaient la rive opposée. Devenue plus fraîche, la brise apportait avec elle les senteurs pénétrantes de la campagne et les parfums des fleurs printanières.

Les deux jeunes gens restaient silencieux, mais leurs cœurs émus se parlaient par les regards qu'échangeaient leurs yeux humides. Ils étaient tellement absorbés dans leur rêverie qu'ils tressaillirent en voyant une forme humaine se dresser auprès d'eux.

Une jeune fille de dix à douze ans, pauvrement vêtue et d'aspect misérable, les priait de lui acheter quelques fleurs. Félicie fouilla dans sa poche ; elle retira sa main vide, et se rappela qu'elle avait donné sa bourse au batelier. Elle se sentit rougir sous le regard de Frantz, qui avait suivit son mouvement. Le jeune homme n'avait rien sur lui non plus.

Faute de mieux, on donna à la petite quelques restes du repas.

— Merci, monsieur et mademoiselle, dit-elle en s'éloignant toute joyeuse, cela vous portera bonheur pour votre mariage.

Félicie rougit jusqu'au blanc des yeux cette fois; mais à travers ses longs cils abaissés, son regard humide et souriant chercha celui du jeune homme.

Frantz se couvrit la figure de ses deux mains; de grosses larmes coulaient entre ses doigts.

— Mon Dieu, Frantz, qu'avez-vous? demanda la jeune fille toute bouleversée. Pourquoi ces larmes?.. Frantz...

— Au nom du ciel, laissez-moi et ne me demandez rien! s'écria-t-il en se frappant la tête avec une sorte de frénésie contre l'arbre près duquel il se trouvait. C'en est trop, je veux partlr... je partirai... Oh! mon Dieu, mon Dieu, pourquoi vous ai-je connue?...

— Partir! répéta Félicie, pâle et tremblante. Partir?... Nous quitter?... Que vous avons-nous fait, Frantz?.., Moi qui croyais que vous étiez heureux près de nous, que vous nous aimiez, mon père et moi.

— Oh! oui, je vous aime! s'écria-t-il avec élan; oui, je vous aime Félicie, plus que je ne puis le dire, et c'est pour cela que je dois vous quitter.

— Non, répondit-elle, non, Frantz. Croyez-vous donc que je n'avais pas deviné que vous m'aimiez?

— Cela ne vous fâchait pas?

— Non, murmura-t-elle avec un ineffable sourire, en laissant tomber sa jolie tête sur l'épaule de Frantz.

Celui-ci fit un mouvement comme pour presser la

jeune fille sur son cœur; puis, tout à coup, il se leva brusquement et s'enfuit avec les marques du plus violent désespoir.

—Où diable Frantz est-il donc passé? demanda le père Riéland, qui arriva cinq minutes après. Il est temps de songer au retour.

Il se mit à appeler le jeune homme, qui revint au bout de quelques minutes. Frantz avait encore les yeux rouges et la figure bouleversée.

Il prit silencieusement le bras de Félicie, qui s'était approchée de lui, et l'on se mit en route pour l'embarcadère.

En rentrant à son magasin, l'orfévre trouva une lettre portant le timbre de Darmstadt. Il la mit dans sa poche sans rien dire et monta aussitôt dans sa chambre pour la lire.

Frantz voulait aussi se retirer.

— Restez, Frantz, lui dit la jeune fille, avec une affectueuse fermeté ; il faut que je vous parle.

Il s'appuya sur le comptoir et attendit ce que la jeune fille avait à lui dire, les yeux baissés et dans une morne attitude.

— Frantz, lui dit mademoiselle Riéland dont la voix tremblait un peu, il faut que nous nous parlions franchement tous les deux. Vous m'avez dit que vous m'aimiez... Je vous crois, ajouta-t-elle en voyant le geste du jeune Alsacien... oui, je vous crois... Moi, je vous aime aussi, Frantz. Si j'avais encore ma pauvre mère, je lui aurais dit tout cela depuis longtemps. Quant à mon père, vous comprenez que je ne puis me dispenser de lui apprendre ce qui s'est passé entre nous aujourd'hui. Il est bon, bien bon, mon pauvre père, et vous savez qu'il a beaucoup d'affection pour vous. En le priant bien tous les deux... Mais, Frantz, vous ne m'écoutez pas... vous détournez la tête... vous pleurez encore... Frantz!... Mon Dieu, mon Dieu, qu'avez-vous ? continua-t-elle en cherchant à séparer les deux mains du jeune homme, qui se couvrait la figure.

Au même instant, l'orfévre entra, l'air sombre et mécontent, tenant à la main une lettre qu'il jeta au jeune Alsacien.

— Voici une lettre de votre oncle, lui dit-il d'un ton brusque. Elle m'apprend que vous vous êtes marié... malgré lui... Vous auriez bien pu, il me semble, me confier vous-même cette...

Il s'interrompit en voyant sa fille pâlir et chanceler.

— Marié !... répéta la pauvre enfant d'une voix entrecoupée, et comme si elle n'avait pas eu la conscience de ses paroles, marié!...

Elle répéta ce mot cinq ou six fois ; puis elle fit quelques pas pour sortir ; mais les forces lui manquèrent tout à coup. Elle tomba dans les bras de son père. Le vieillard éperdu la porta dans sa chambre, Frantz voulut l'aider. Il le repoussa durement.

— Va-t'en, misérable, lui cria-t-il... va-t'en! Maudit soit le jour où tu es entré dans notre maison !

Au bout de quelques minutes, Félicie revint à elle. Son père se tenait à son chevet, pâle et haletant.

— Mon père, mon bon père ! s'écria-t-elle en embrassant le vieillard qui sanglotait... Je vous ai fait bien peur, n'est-ce pas ?... pauvre père !... Une folie !... Mais c'est fini... embrasse-moi encore...

Tout en parlant à son père, ses yeux inquiets cherchaient une autre personne. Elle entendit des sanglots de l'autre côté de la porte.

— Mon père, dit-elle, et... lui?

— Qui ?... murmura le vieillard.

— Frantz... qu'est-il devenu ?

— Que nous importe ?... Il est parti sans doute.

— Non, mon père ; je l'entends qui pleure... écoutez.

Riéland se leva avec colère, mais la jeune fille le retint par le bras.

— Père, dit-elle, de grâce, ne le chassez pas... Ce n'est pas sa faute si je l'aime... attendez quelques jours... il s'expliquera... Laissez-moi lui parler, au moins.

Elle était dans un tel état d'agitation, que l'orfévre n'osa pas la contrarier. Il ouvrit la porte en serrant les poings, et fit signe à Frantz d'entrer.

La figure inondée de larmes et les traits décomposés, l'Alsacien s'avança, en chancelant comme un homme ivre, vers le fauteuil de Félicie. Il se jeta à genoux devant elle. La jeune fille lui tendit sa main, qu'il couvrit de baisers et de larmes.

Le vieillard la lui retira avec une colère contenue.

En ce moment, quelqu'un frappa à la porte du magasin. Riéland fit un geste d'impatience et ne bougea pas. On frappa de nouveau.

— Allez ouvrir, dit l'orfévre en s'adressant à son ouvrier d'un ton brusque.

Frantz se leva machinalement, mais il avait tellement perdu la tête qu'il ne pouvait même plus retrouver la porte. Dans un pareil état, il était incapable de répondre à des étrangers. L'orfévre le comprit et descendit en appelant toutes les malédictions du ciel sur la tête du pauvre Barth.

— Ainsi, c'est bien vrai, Frantz, dit la jeune fille à demi-voix, dès que son père eut quitté la chambre, vous êtes marié ?

— Oui, répondit-il d'un ton sombre, oui, pour ma honte et pour mon malheur. Mon pauvre oncle me l'avait bien prédit. Je me suis marié malgré lui. Elle était onvrière et demeurait tout près de nous. Elle a quatre ans au moins de plus que moi. J'étais un enfant, sot et crédule... elle m'a fait croire qu'elle m'aimait, que je l'avais perdue, qu'elle se tuerait, et bien d'autres mensonges de ce genre... Elle attribuait l'opposition de mon oncle à la jalousie. Que sais-je enfin...? Je n'étais pas difficile à tromper... c'est elle qui a tout disposé pour notre mariage... Mon bonheur n'a pas été long... Elle s'est bien vite démasquée. Elle s'était figuré que mon oncle finirait par se raccommoder avec moi, qu'il fournirait à nos besoins, qu'elle pourrait vivre sans travailler, avoir des toilettes et de bons repas. Notre misère l'a promptement ennuyée. Elle s'en est prise à moi... Ce que j'ai souffert pendant un an, voyez-vous, mademoiselle Félicie, rien au monde ne saurait l'exprimer. Cette femme-là avait tous les vices... Je n'ai pu résister davantage. Je suis parti. Je lui envoie tout ce que je gagne. C'est bien peu ; mais enfin toute autre qu'elle pourrait vivre avec cela. Et cependant elle se plaint toujours... Elle se figure, j'en suis certain, que je gagne davantage. Elle m'écrit continuellement, ou plutôt elle me fait écrire — car elle ne sait pas même lire — pour demander de l'argent. A chaque instant, je tremble de la voir arriver à Paris. Voilà la vie que je me suis faite, mademoiselle Félicie. Comprenez-vous ce que j'ai dû éprouver aujourd'hui... C'est ma faute, mon Dieu! je ne le sais que trop; mais je suis bien malheureux!...

Les larmes ruisselaient sur la figure décomposée du pauvre garçon. Riéland lui-même, malgré sa colère, en aurait eu pitié. Félicie le consola de son mieux ; mais elle-même souffrait beaucoup. Elle sentit que les forces l'abandonnaient.

— Frantz, lui dit-elle, je vous plains et je vous pardonne de tout mon cœur... Je tâcherai de faire votre paix avec mon père. Mais je vous vois si désespéré que cela m'inquiète. Jurez-moi de ne point attenter à vos jours. Votre mort me tuerait, Frantz, et, sans moi, que deviendrait mon pauvre père?... Vous me le jurez?

— Oui, répondit-il d'une voix qu'étouffaient les sanglots, mais vous obtiendrez qu'il ne me chasse pas.

— Je ne sais, dit-elle ; ne me demandez rien maintenant... Je n'ai plus trop la tête à moi... Je souffre un peu... Voici mon père qui remonte... Adieu, partez... adieu, mon pauvre Frantz ; que Dieu ait pitié de vous !... et de moi, ajouta-t-elle tout bas, tandis que le jeune homme se retirait, la figure cachée dans son mouchoir.

Félicie eut beaucoup de peine à obtenir de son père qu'il conservât le jeune Alsacien. Riéland voulait le renvoyer immédiatement de son atelier et de sa maison. Il ne fut retenu que par la crainte des conjectures que ce brusque départ ferait naître dans le quartier. Puis il redoutait l'impression que cela produirait sur Félicie, qu'il voyait fondre en larmes, dès qu'il abordait ce sujet. Le pauvre vieillard adorait sa fille, et ne se sentait pas la force de la voir pleurer.

Frantz resta donc chez les Riéland. On comprend combien la position de ces trois personnes vis-à-vis l'une de l'autre était fausse et pénible. Malheureusement toutes trois manquaient de courage et de fermeté pour la faire cesser.

Félicie se ressentait toujours de la secousse qu'elle avait éprouvée. Une fièvre sourde la minait insensiblement. Sachant que sa maladie serait un nouveau grief que Riéland reprocherait à Frantz, la courageuse enfant luttait contre la douleur avec une incroyable énergie. Brisée par la fièvre et déjà si faible qu'elle pouvait à peine se tenir debout, elle trouvait encore dans son cœur la force de sourire et de parler gaîment à son père. A la fin, cependant, elle ne put résister plus longtemps. Un matin qu'elle était assise à son comptoir, elle se sentit plus malade. Elle voulut regagner sa chambre. Arrivée au milieu de l'escalier, elle perdit connaissance. On accourut. Frantz la porta dans sa chambre. Riéland arriva en même temps, et renvoya l'ouvrier avec colère. Le jeune homme ne répondit rien, et se retira mais il s'arrêta sur la dernière marche de l'escalier et y resta, la tête dans ses deux mains. Le lendemain, Félicie réclama sa présence.

Le médecin, vieil ami de la maison, s'aperçut bientôt que la jeune fille était beaucoup plus calme lorsque Frantz se trouvait auprès d'elle. Riéland soupira, et ne chercha plus à renvoyer le jeune Allemand. Au fond du cœur, malgré sa colère, il ne pouvait s'empêcher d'être ému de la profonde douleur du pauvre garçon. En quelques jours, ce dernier avait vieilli de dix ans.

Au bout d'une semaine, le médecin commença à donner quelque espoir.

— Je crois que nous la sauverons, dit-il à Riéland en se retirant. Ce qu'il lui faut avant tout, c'est du calme et du repos. Pas de bruit, pas d'émotions vives.

Afin de questionner plus librement le médecin, Riéland sortit avec lui.

Il venait à peine de quitter la maison lorsqu'une femme entra dans le magasin. Son costume annonçait une étrangère. Elle avait une très-mauvaise tournure. Au premier abord, on lui aurait donné vingt-sept à vingt-huit ans. En la regardant attentivement, on s'apercevait qu'elle était plus jeune de quelques années ; mais son embonpoint et ses traits déjà flétris la faisaient paraître plus âgée. Elle avait dû être fort belle, mais d'une beauté commune et massive.

— C'est ici que demeure Frantz Barth ? demanda-t-elle avec un accent allemand des mieux caractérisés.

— Oui, madame, répondit Isidore.

— Où est-il ?

— Dam, là-haut, fit l'apprenti, en toisant l'étrangère avec ce regard moqueur particulier au gamin de Paris.

— Dites-lui de descendre. Je veux lui parler.

— Il ne pourra pas descendre maintenant.

— Pourquoi ?

— Dam, parce qu'il est dans la chambre de Mademoiselle Félicie.

— Eh bien ?

— Eh bien ! il ne la laissera pas toute seule, tiens, puisqu'elle est malade.

— Prévenez-le toujours. Dites-lui que c'est Bettina, de Darmstadt... Nous verrons bien s'il refusera de descendre.

— Il faut attendre que le patron soit rentré, reprit Isidore.

— Pourquoi cela ?

— Il nous est défendu d'entrer dans la chambre mademoiselle Félicie.

— Frantz y est bien !

— Oh ! lui, c'est différent ! murmura l'apprenti avec une inflexion toute particulière.

La jeune femme fronça le sourcil et sa physionomie prit une expression sinistre.

— Où est cette chambre ? demanda-t-elle.

Isidore lui montra machinalement l'escalier.

Elle se mit aussitôt à gravir les marches d'un pas rapide. Isidore s'élança pour l'arrêter, mais elle le repoussa vivement et continua son ascension. L'apprenti courut de nouveau après elle. Il la rejoignit sur le palier et la saisit par sa robe. Au bruit de leur altercation, Frantz sortit de la chambre de Félicie. En voyant l'étrangère, il devint pâle comme un mort.

— Descends, dit-il à l'apprenti avec un tel accent que, malgré sa curiosité, Isidore se hâta d'obéir.

Riéland avait conduit le médecin assez loin. En revenant chez lui, il aperçut deux ou trois cents personnes arrêtées devant sa maison. Tout le monde parlait à haute voix, et se dressait sur la pointe du pied pour regarder du côté de son magasin.

— Qu'y a-t-il donc ? demanda l'orfévre à un de ses voisins qu'il aperçut à la fenêtre d'un premier étage.

— Rentrez bien vite chez vous, M. Riéland, lui répondit le voisin ; il paraît qu'un de vos ouvriers vient d'assassiner une femme.

Riéland se rua au milieu de la foule et fit tant des pieds et des mains qu'il parvint à gagner la porte. Un agent de police lui ouvrit. A peine entré, il aperçut au milieu de la boutique, une femme morte ou évanouie et couverte de sang. Un médecin et deux voisines lui prodiguaient des soins. A quelques pas derrière cette femme, des agents de police entouraient Frantz Barth, qui était aussi tout couvert de sang et dont l'attitude révélait un morne désespoir.

— Où est ma fille ? s'écria l'orfévre avec angoisse.

— Elle est là-haut, dans sa chambre, monsieur Riéland, répondit Isidore. Elle ne sait rien de tout cela.

— Que s'est-il donc passé ? Quelle est cette femme ? demanda l'orfévre.

— Il paraît que c'est la femme de ce jeune homme, répondit un des agents de police, et qu'il vient de la jeter du haut en bas de votre escalier.

— Comment se trouve-t-elle là ? reprit l'orfévre.

Isidore le lui raconta.

— Ce garçon est incapable d'un assassinat ! s'écria l'orfévre. D'ailleurs, comment sait-on qu'elle est sa femme ?

— C'est elle-même qui l'a dit, monsieur, répondit un des agents. Tout à l'heure elle a repris un moment connaissance. Elle a montré ce jeune homme du doigt, en disant : « C'est lui, mon mari, qui m'a assassinée. » L'effort qu'elle a fait a été cause qu'elle est retombée aussitôt.

— Voici le brancard, dit un autre agent, en ouvrant la porte de la rue.

— Il faut la porter à l'Hôtel-Dieu, fit le médecin.

— Ainsi, vous ne connaissez pas cette femme, monsieur ? demanda l'un des agents à Riéland.

— Nullement.

— Ce jeune homme était votre ouvrier ?

— Oui, monsieur.

— Il paraît qu'on ne le savait pas marié ?

— En effet, monsieur ; mais il l'avait dit à ma fille et à moi.

— Ils vivaient donc mal ensemble, sa femme et lui, pour être ainsi séparés ?

— Je crois qu'oui, repartit l'orfévre, qui ne sentit que trop tard ce que sa réponse avait de compromettant pour Frantz.

— La voilà qui reprend connaissance, dit un des ouvriers.

— Puis-je lui adresser quelques questions ? demanda l'un des agents au médecin.

— Pas en ce moment, répondit ce dernier... nous verrons à l'hôpital, si c'est possible.

— Silence ! reprit la voisine... elle va parler.

Un profond silence se fit dans le magasin. Bettina promena autour d'elle un regard d'abord fixe et inintelligent. Bientôt sa figure s'anima faiblement : une expression de haine et de rage brilla dans ses yeux dirigés sur Frantz.

— C'est lui qui m'a assassinée, dit-elle en le montrant du doigt.

Ce mouvement faillit lui devenir funeste. Le sang, un instant arrêté, jaillit de nouveau des deux profondes blessures qu'elle avait à la tête. Il fallut recommencer tous les soins. Enfin, on parvint à la mettre sur le brancard et à la transporter sans accident à l'Hôtel-Dieu. Quant à Frantz, on l'emmena immédiatement au dépôt de la Préfecture de police.

. . . .

Tel fut à peu près le récit que me fit mon ami. Comme il était au nombre des rares clients du père Riéland, ce dernier l'avait prié de défendre le jeune Alsacien. Quoique pleinement convaincu de l'innocence de son client, A. D... craignait beaucoup une condamnation.

— Il n'a fait que repousser cette mégère, qui voulait entrer de force dans la chambre de mademoiselle Riéland, me dit mon ami. Elle a glissé et roulé dans l'escalier ; mais elle persiste à accuser son mari de l'avoir jetée. Enfin, tout se réunit pour accabler ce pauvre diable.

Sans connaître ce Frantz Barth, je m'intéressais à lui. Autant pour savoir ce qu'il deviendrait que pour entendre la plaidoirie de mon ami, je me rendis aux assises le jour où l'on devait juger cette affaire.

J'arrivai un peu tard. L'acte d'accusation était déjà lu. On procédait à l'interrogatoire de l'accusé. Le pauvre jeune homme faisait pitié. Les personnes mêmes qui étaient le plus persuadées de sa culpabilité ne pouvaient s'empêcher de s'y intéresser. Il répondait avec une franchise et une sorte de naïveté vraiment touchantes.

— Bettina s'est mise en fureur contre moi sur le palier, dit il. Comme elle faisait beaucoup de bruit, je l'ai suppliée de descendre avec moi. Je lui ai dit que mademoiselle Riéland était malade et que la moindre émotion pouvait la tuer. Son médecin venait de le dire à l'instant même. Bettina s'est figurée que je la trompais. Elle a voulu entrer de force dans la chambre de mademoiselle Félicie. Je l'ai repoussée. En se débattant pour se dégager, elle a reculé trop loin. Peut-être aussi que ses pieds se sont pris dans sa robe.. Enfin elle est tombée à la renverse dans l'escalier, et elle a roulé jusqu'au bas. Quand je l'ai relevée, elle était comme morte; mais je jure devant Dieu que je n'ai point cherché à la tuer, ni à lui faire aucun mal.

Bettina, la femme de Barth, était assise au banc des témoins. Elle portait encore une sorte de bandeau autour de la tête. Il lui restait aussi une large cicatrice au front et à la joue gauche. Cette femme avait une méchante figure. Sa voix dure et sèche grinçait aux oreilles.

Sa déposition fut accablante pour Frantz. Elle y mit du reste un acharnement évident. Après force grimaces et maintes phrases que le président interrompit en la priant d'être moins prolixe, voici ce qu'elle raconta :

Elle avait appris (elle ne put dire comment) que son mari la trompait, et qu'il gagnait beaucoup d'argent, quoiqu'il lui écrivît le contraire, et qu'il ne lui envoyât presque rien. Alors elle était venue à Paris. En la reconnaissant, Frantz l'avait accablée de reproches et d'injures. Elle avait voulu répliquer et lui faire honte de sa conduite : alors il l'avait frappée, prise à bras-le-corps et jetée du haut en bas de l'escalier.

Quelque antipathique que cette femme parût à tout le monde, et même aux jurés, sa déposition était tellement précise qu'elle rendait inévitable la condamnation du jeune Alsacien.

Isidore Maillan déposa ensuite avec beaucoup d'intelligence. Désarmé par le malheur de son compagnon d'atelier, il eut soin, tout en restant dans la vérité, d'éviter tout ce qui eût été de nature à charger Frantz Barth. En revanche, cet imbécile de Nointel, qui ne savait rien et n'avait rien vu, fit un mal énorme au jeune Alsacien. Au lieu de dire tout simplement qu'il ne savait rien, il eut le sot orgueil de vouloir pérorer, de faire des phrases, et de prendre des airs protecteurs envers Frantz. Bref, il fit tant de phrases et de réticences, qu'on se figura qu'il en savait beaucoup plus long qu'il ne voulait le dire, et qu'il se taisait par égard pour Frantz.

Riéland, qu'on entendit ensuite, donna les meilleurs

témoignages sur son ouvrier et le défendit chaleureusement. Grâce aux lettres qu'il avait reçues de son ami Karl Barth, il édifia le public sur la moralité de Bettina ; mais le président l'interrompit et imposa en même temps silence à Bettina, qui s'était levée furieuse.

Ce qui produisit le plus d'effet sur l'auditoire, ce fut la déposition de mademoiselle Riéland. Sa vue seule suffit pour impressionner le public. Elle était très-pâle, et sa figure amaigrie révélait bien des souffrances. Malgré son état de faiblesse, elle parla assez longtemps d'une voix claire et distincte. Un silence profond régnait dans la salle.

Elle eut la courageuse franchise d'avouer son amour pour Frantz et fit cet aveu si pénible avec tant de modestie, de délicatesse et de simplicité, qu'une sorte de murmure bienveillant courut parmi les spectateurs. Les femmes pleuraient. Plusieurs hommes avaient les larmes aux yeux. L'intérêt qu'elle inspira et tout ce qu'elle dit à la justification de Frantz firent beaucoup de bien à la cause du jeune homme. Malheureusement, Bettina prit la parole pour contredire quelques assertions de Félicie. Comme elle injuriait la jeune fille, le président lui imposa silence, mais ses paroles n'en eurent pas moins le fâcheux effet d'affaiblir l'impression produite par la déposition de Félicie. La séance continua. Au bout de quelques minutes, le ministère public eut besoin d'adresser quelques questions à Bettina. Elle en profita pour recommencer ses récriminations. Tout à coup, au milieu d'une phrase, elle hésita, pâlit, se troubla et devint d'une pâleur effrayante. Ses yeux, fixés sur un coin de la salle avec une visible expression de terreur, semblaient ne pouvoir s'en détourner.

Cinq ou six personnes se levèrent pour voir ce qu'elle regardait. Elle essaya de continuer sa phrase, mais sa voix tremblait.

— Qu'avez-vous donc? lui dit le président.

Elle porta la main à sa tête, et dit qu'elle souffrait horriblement.

Un instant après, elle perdit connaissance. On l'emporta de la salle. Il fallut suspendre l'audience.

— Il y a quelqu'un dans l'auditoire qui lui a fait signe, me dit un jeune homme qui se trouvait au banc des avocats. Que diable est-ce que cela signifie?

— Un homme ou une femme? lui demandai-je.

— Un homme... un homme d'assez mauvaise mine même... Il était debout, tout à fait au fond de la salle.

Au bout de deux heures environ, la cour rentra en séance. On rappela Bettina. Sa physionomie avait tellement changé d'expression que tout le monde s'en aperçut. Le ministère public lui posa de nouveau la question à laquelle son évanouissement l'avait empêchée de répondre. En dépit de l'assurance qu'elle affectait encore, on voyait qu'elle était dominée par quelque terreur secrète. Dès les premiers mots, on remarqua aussi un changement complet dans ses dispositions à l'égard de son mari. Au lieu de le charger, comme elle l'avai fait jusque là, elle cherchait plutôt à le justifier. Le président la ramena sur le fait principal. Là, elle revint complétement sur sa première déposition.

On la pressa de questions. On lui fit sentir ses nombreuses contradictions. A la fin, elle perdit la tête. Elle avoua que la jalousie et le ressentiment l'avaient entraînée trop loin, et que son mari n'avait fait que l'éloigner un peu brutalement de la porte.

Il y avait évidemment quelque chose de singulier dans ce brusque revirement. Le président et le ministère public le sentirent bien. On la tourmenta pour savoir à quelle suggestion elle cédait en ce moment. Elle se mit à pleurer et jura qu'elle n'obéissait qu'à la voix de sa conscience, à la compassion que lui inspirait son mari. On ne put la faire sortir de là.

Cela changeait singulièrement la position du jeune Alsacien. Après un brillant plaidoyer de son défenseur et un résumé fort remarquable du président, Frantz fut acquitté à l'unanimité. Les jurés prirent à peine le temps de passer dans la salle des délibérations. Malgré les injonctions d'usage, des applaudissements et un murmure bienveillant saluèrent l'arrêt du tribunal qui proclamait l'innocence du jeune Alsacien.

. . . .

Quelques jours après, je me trouvais à passer devant la porte d'A. D..., et j'entrai pour lui faire mon compliment un peu tardif sur son plaidoyer. Il me raconta le dénoûment tragique de cette histoire. Cette fois encore, je me mets de côté et je laisse parler les faits.

. . . .

Bettina était sortie une des dernières du Palais de Justice. Comme elle mettait le pied dans la cour, un homme vint à elle et lui prit le bras. Elle ne put contenir un mouvement de frayeur et recula.

— Ah! c'est vous, Friedrich? dit-elle d'une voix tremblante.

— Oui, répondit l'homme; venez.

— Où voulez-vous me conduire?

— Que vous importe! suivez-moi!

— Je ne veux pas! s'écria-t-elle. Non! laissez-moi ou j'appelle!...

— Soit! alors je dirai quels sont mes droits pour vous emmener.

Elle frappa du pied avec colère.

— Que me voulez-vous enfin? reprit-elle. Vous voyez bien que tout à l'heure j'ai deviné et exécuté votre volonté, quoiqu'il me fût très-facile de vous dire plus tard que je n'avais pas compris le sens de vos gestes. Que vous faut-il encore?

— Vous le saurez! Pas de phrases et marchons.

— Je vais crier.

— Criez; nous ne sommes pas loin de la prison; vous n'aurez pas beaucoup de chemin à faire.

Elle leva les mains avec une rage concentrée et cessa de résister au bras qui l'entraînait.

Au bout d'une demi-heure de marche, tous deux traversèrent la route qui passe au coin de la station duchemin de fer d'Orléans et du Jardin-des-Plantes et montèrent vers la barrière d'Italie; Bettina, qui ne connaissait point Paris, regardait autour d'elle avec inquiétude. Le jour baissait déjà.

— Je n'irai pas plus loin avant de savoir où vous me conduisez, dit-elle encore.

— Près de votre fils, répondit l'homme. Vous n'avez donc rien dans le cœur, malheureuse créature, que vous n'ayez pas encore pensé à me demander s'il était mort ou vivant!

Elle baissa la tête et fit de son mieux pour pleurer; il haussa les épaules et continua sa marche. Bientôt il prit sur la gauche, et fit traverser à sa compagne plusieurs de ces ruelles sales et sans nom qui servent de refuge à une population infime de marchands de chiens, de chiffonniers et de vagabonds de tout genre. Ils marchèrent ensuite assez longtemps sans rencontrer une seule maison.

— Il m'est impossible d'aller plus loin, dit Bettina en s'arrêtant. Je tombe de fatigue.

— Nous sommes arrivés, répondit-il du même ton morne et sombre.

Il lui montrait du doigt une sorte de cabane construite avec de vieilles planches et adossée contre un talus.

— Quoi, c'est là que vous demeurez? fit-elle avec une surprise mêlée de dégoût.

— Oui; j'ai été malade. Il m'a fallu quitter le métier de batelier que j'exerçais à Enghien. Sans Mlle Riéland, le petit et moi nous serions morts de faim. Maintenant, je travaille à Bercy... quand je trouve à travailler.

Il la poussa dans la cabane dont il referma la porte avec une lourde barre de bois.

— Où est le petit? demanda-t-elle au batelier qui allumait une chandelle de résine.

— Là, dit-il, en lui montrant un enfant étendu dans une sorte de petit lit qui avait presque l'air d'un cercueil. Il se meurt... Regardez-le... Il ne vous reconnaîtra pas, le pauvre enfant. Sait-il seulement qu'il a une mère !...

— Friedrich !

— Vous ne l'avez même pas embrassé.

Elle se pencha sur le lit de l'enfant qui râlait.

— Mon Dieu, qu'a-t-il donc ? s'écria-t-elle avec angoisse.

— Le typhus.

Elle poussa un cri et tomba à genoux auprès du berceau en joignant les mains avec désespoir.

— Oui, reprit Friedrich avec une sorte d'égarement, priez Dieu qu'il le guérisse ; car, s'il meurt, nous le suivrons tous les deux.

Elle eut peur et se rapprocha de la porte. Il se mit devant elle.

— Friedrich, reprit-elle en pleurant, ne me tuez pas! Grâce !

— Taisez-vous, lui dit-il durement, vous allez réveillerl'enfant.

— Au secours ! au secours ! cria-t-elle en se jetant vers la porte.

Il la prit par le bras et la jeta sur un banc au fond de la cabane.

— Il fait nuit, lui dit-il, et cet endroit est désert. Nul n'oserait y passer à cette heure. Je vous ai dit de ne pas réveiller l'enfant. Si vous criez encore, je vous tue à l'instant.

Elle se jeta à ses genoux. Il la repoussa sans l'entendre.

La fièvre et une sorte de folie brûlaient les yeux du batelier et les faisaient étinceler comme des charbons ardents.

— Ce n'était pas assez de m'avoir ruiné et déshonoré, reprit-il, il vous fallait encore un autre malheureux à écraser... Ainsi, vous êtes mariée deux fois ! Savez-vous qu'en France on vous envoie aux galères pour cela... Deux maris !...

Il se mit à rire d'une voix lugubre qui déchirait les oreilles de la malheureuse femme et la glaçait d'effroi. Puis il s'approcha du lit de l'enfant et se mit à contempler la pauvre petite créature, dont l'assoupissement ressemblait déjà à la mort. Au bout de quelques minutes, Bettina crut qu'il l'avait oubliée ; elle se leva doucement et gagna la porte. Elle fut trahie par le bruit qu'elle fit en essayant de retirer la barre qui fermait l'entrée. Le batelier s'élança vers elle, la jeta au fond de la cabane et l'attacha au lit de l'enfant. Comme elle poussait des cris désespérés, il la bâillonna.

— S'il meurt, nous le suivrons, répéta-t-il encore.

Puis, il se rassit près de l'enfant et prit une des mains du pauvre petit entre les siennes.

Les yeux fixés sur son fils, que Dieu allait bientôt rappeler à lui, il resta silencieux et immobile comme une statue.

. . . .

Un de ces vagabonds comme on en trouve autour de toutes les barrières de Paris, et surtout dans les environs de celle d'Italie, s'était philosophiquement couché à l'abri de la cabane. Réveillé par les cris de Bettina, il entendit une partie du dialogue des deux époux. Cet homme était un vieillard infirme et poltron qui n'osa intervenir. Comme il avait eu déjà quelques discussions avec la justice, il craignit de se trouver mêlé à quelque mauvaise affaire, et changea promptement de domicile. Il gagna clopin-clopant une sorte de cabaret borgne, vrai tapis-franc, qui servait d'asile à des vagabonds de son espèce et quelquefois aussi à des malfaiteurs d'une nature plus dangereuse. Malheureusement pour lui, un crime avait été commis dans les environs par quelques habitués de cet infâme logis. Pour s'emparer des coupables, la police avait établi autour du cabaret ce qu'on appelle une *souricière*. On laissait entrer comme d'habitude, mais aussitôt qu'un individu avait mis le pied dans le cabaret, la porte se refermait et des agents de police arrêtaient immédiatement le nouveau venu.

Chacun des prisonniers subit une sorte d'interrogatoire préalable. Forcé de rendre compte de l'emploi de son temps, le vieux mendiant cita l'endroit où il avait passé la nuit. Pour preuve de sa véracité, il raconta ce qu'il avait entendu... Un des agents prévit tout de suite quelque catastrophe. Dès qu'on eut mis en sûreté les prisonniers faits au cabaret, un agent de police et trois soldats se mirent en marche sous la conduite du vieux mendiant.

Arrivé à deux ou trois cents pas au-dessus de la gare d'Orléans, on aperçut une lueur assez vive à peu près dans la direction que le vagabond assignait à la demeure du batelier.

— Qu'est-ce que cela peut-être? dit un des agents. Serait-ce un incendie ?

— Je parie que ce malheureux aura mis le feu à sa cabane ! s'écria le mendiant.

On pressa le pas. Au bout de quelques minutes, les soldats, guidés par les flammes, arrivèrent à l'emplacement occupé par la cabane. Mais il était trop tard. Tout s'était écroulé. Ils ne trouvèrent qu'un brasier d'où jaillissaient encore par intervalle des flammes rougeâtres et de noirs flocons de fumée mêlés à de sinistres étincelles. On s'empressa d'arracher du brasier le peu d'aliments qui pouvaient encore l'entretenir.

Deux hommes se détachèrent et coururent chercher dans le voisinage des seilles et de l'eau. Avant qu'ils fussent de retour, leurs camarades avaient déjà retiré du brasier trois cadavres, ou plutôt les os carbonisés des trois cadavres.

Grâce à la déposition du mendiant, ainsi qu'à diverses autres circonstances qu'il serait inutile de détailler ici, on put constater officiellement la mort de Friedrich, le batelier, de sa femme et de leur enfant.

Frantz, qui avait été appelé à la Préfecture pour aider à cette constatation, partit quelques jours après pour Darmstadt. Touché des malheurs et du repentir du pauvre garçon, son oncle lui pardonna et lui rendit son amitié.

— L'oncle et le neveu sont à Paris en ce moment. me dit A. D... en terminant son récit. Ils sont venus pour chercher Monsieur et Mademoiselle Riéland qui veulent se fixer en Allemagne. Mademoiselle Riéland, que j'ai vue avant-hier, paraît complétement remise. Son mariage avec Frantz est arrangé. Il doit avoir lieu durement le deuil de Barth sera terminé. J'ai promis d'assister au mariage. et je tiendrai ma promesse.

FIN.

TABLE

FIN.

PARIS. — TYP. MORRIS ET COMP., RUE AMELOT, 64.

www.ingramcontent.com/pod-product-compliance
Ingram Content Group UK Ltd.
Pitfield, Milton Keynes, MK11 3LW, UK
UKHW021054270726
13967UKWH00012B/1220